STP NATIONAL CURRICULUM MATHEMATICS

ANSWERS

L BOSTOCK   S CHANDLER
A SHEPHERD   E SMITH

© L. Bostock, S. Chandler, A. Shepherd, E. Smith 1995

The right of L. Bostock, S. Chandler, A. Shepherd and E. Smith to be identified as authors of this work has been asserted by them in accordance with the Copyright, Designs and Patents Act 1988.

All rights reserved. No part of this publication may be reproduced or transmitted in any form or by any means, electronic or mechanical, including photocopy, recording, or any information storage and retrieval system, without permission in writing from the publisher or under licence from the Copyright Licensing Agency Limited. Further details of such licences (for reprographic reproduction) may be obtained from the Copyright Licensing Agency Limited, of Safron House, 6-10 Kirby Street, London EC1N 8TS.

Any person who commits any unauthorised act in relation to this publication may be liable to criminal prosecution and civil claims for dangers.

First Published in 1995 by
Stanley Thornes (Publishers) Ltd

Reprinted in 2002 by:
Nelson Thornes Ltd
Delta Place
27 Bath Road
Cheltenham
GL53 7TH
United Kingdom

13 / 21 20 19

A catalogue record of this book is available from the British Library.

ISBN 978 0 7487 2006 4

Printed in the UK by Berforts Information Press Ltd

Chapter 1
Addition and Subtraction of Whole Numbers

Visit www.nelsonthornes.com for a downloadable file for Year 7 lesson starters.

Exercise 1B (p. 2)

1. 10	**7.** 24	**13.** 27	**19.** 39	**25.** 30	**31.** 26
2. 11	**8.** 19	**14.** 27	**20.** 32	**26.** 21	**32.** 26
3. 14	**9.** 20	**15.** 33	**21.** 24	**27.** 21	**33.** 20
4. 15	**10.** 27	**16.** 18	**22.** 17	**28.** 19	**34.** 37
5. 17	**11.** 15	**17.** 25	**23.** 20	**29.** 26	**35.** 39
6. 11	**12.** 17	**18.** 32	**24.** 33	**30.** 32	**36.** 32 cm

37. a 36, 43, 50
 b 4, 10, 16, 22, 28
 c 6, 15, 25, 33, 42
38. a 29 **b** 27 **c** 16
39. No: her highest possible score is 43.

Exercise 1C (p. 4)

1. a 204 **b** 10 030
2. a One thousand and twenty-three
 b Twenty-one thousand, five hundred and five
3. a 89, 103, 207, 1030
 b 11 020, 90 110, 101 010, 370 000
4. a Fifty **b** Five hundred **c** Five
5. 7620 7602 7260 7062 7026 7206
 6720 6702 6207 6072 6027 6270
 2760 2706 2670 2607 2076 2067
 0762 0726 0672 0627 0276 0267

Exercise 1D (p. 5)

1. 79	**10.** 2302	**19.** 797	**28.** 7525
2. 97	**11.** 549	**20.** 1966	**29.** 1896
3. 65	**12.** 21 829	**21.** 183	**30.** 5230
4. 308	**13.** 9072	**22.** 177	**31.** 4095
5. 259	**14.** 1835	**23.** 202	**32.** 581
6. 399	**15.** 16 244	**24.** 1252	**33.** 509
7. 882	**16.** 112	**25.** 2783	**34.** 857
8. 2039	**17.** 158	**26.** 2764	**35.** 1832
9. 991	**18.** 242	**27.** 5936	

36. a 18 **b** 45 **c** 55
37. 50 minutes
38. 4957
39. £10.23; the boy gave up because it was becoming too costly
40. a

2	7	6
9	5	1
4	3	8

b

8	1	6
3	5	7
4	9	2

c

4	9	2
3	5	7
8	1	6

Exercise 1E (p. 7)

1. 11	**5.** 7	**9.** 8	**13.** 11	**17.** 5
2. 12	**6.** 12	**10.** 6	**14.** 8	**18.** 6
3. 14	**7.** 15	**11.** 13	**15.** 10	**19.** 14
4. 5	**8.** 9	**12.** 3	**16.** 4	**20.** 8

Exercise 1F (p. 8)

1. 211	**7.** 287	**13.** 8	**19.** 703	**25.** £4.04
2. 218	**8.** 178	**14.** 2828	**20.** 676	**26.** 464
3. 73	**9.** 187	**15.** 4823	**21.** 4077	**27.** 89
4. 126	**10.** 713	**16.** 575	**22.** 77	**28.** 287
5. 470	**11.** 255	**17.** 3344	**23.** 192	**29.** 36
6. 354	**12.** 279	**18.** 1524	**24.** 4195	**30.** 6483

31. 240
32. 79, 72, 65, 58, 51
33. 94, 82, 70, 58, 46
34. a 21 km **b** 18 km
35. 48
36. 7500 m
37. 168
38. a 6 **b** 5 **c** 9 **d** 4 **e** 2 **f** 7

Exercise 1G (p. 10)

1. 17	**7.** 3	**13.** 50	**19.** 104	**25.** 80 cm
2. 5	**8.** 4	**14.** 0	**20.** 597	**26.** 318
3. 2	**9.** 0	**15.** 39	**21.** 19	**27.** 144
4. 30	**10.** 25	**16.** 95	**22.** 129	**28.** 69 lb
5. 28	**11.** 0	**17.** 73	**23.** 10 p	**29.** 17
6. 13	**12.** 83	**18.** 20	**24.** 72	**30.** £1.19

31. a 24, 19, 28, 23
 b 7, 11, 15, 19, 23, 27, ... (add 4 to get the next number)
32. £69
33. a 8, 13, 21, 34, 55, 89 **b** 6, 8, 14, 22, 36, 58
34. a Start with 1 and add 2 each time.
 b Start with 50 and subtract 8 each time.

Exercise 1H (p. 13)

1. 8	**5.** 1	**9.** 7	**13.** 8	**17.** 16
2. 15	**6.** 4	**10.** 0	**14.** 12	**18.** 38
3. 5	**7.** 23	**11.** 8	**15.** 14	**19.** 10
4. 63	**8.** 16	**12.** 3	**16.** 5	**20.** 20

21. 250 (257)	**28.** 770 (777)	**35.** 230 (229)
22. 60 (56)	**29.** 60 (58)	**36.** 160 (160)
23. 210 (209)	**30.** 20 (16)	**37.** 370 (360)
24. 330 (334)	**31.** 160 (163)	**38.** 210 (206)
25. 40 (38)	**32.** 150 (148)	**39.** 290 (293)
26. 370 (366)	**33.** 40 (42)	**40.** 250 (250)
27. 260 (264)	**34.** 280 (284)	

41. C **42.** B **43.** C **44.** C **45.** B

Number Puzzles (p. 15)

1. Move the 9 from the third disc and place it on the first disc: Each disc then totals 15.
2. The final result is always the same, 1089.
3.

4	2	■	8
■	4	1	6
1	3	5	■
9	■	7	3

4. e.g.: 123 − 45 − 67 + 89
5.

2	9	4
7	5	3
6	1	8

Chapter 2
Multiplication and Division with Whole Numbers

Exercise 2B (p. 20)

2. 46	15. 588	28. 2859
3. 126	16. 292	29. 1632
4. 104	17. 162	30. 2628
5. 304	18. 536	31. 2184
6. 290	19. 657	32. 852
7. 93	20. 168	33. 2565
8. 100	21. 224	34. £2.56
9. 144	22. 608	35. 420
10. 144	23. 2456	36. 3612
11. 415	24. 768	37. 90
12. 141	25. 388	38. Too little
13. 324	26. 1989	39. 150
14. 126	27. 844	

40. a 192, 768   b 7, 14, 28, 56, 112
    c Start with 5 and multiply by 5 each time.
41. a 7   b 3   c 2

Exercise 2C (p. 22)

1. 270	12. 29 200	23. 54 000
2. 8200	13. 3480	24. 38 920
3. 360	14. 6630	25. 243 000
4. 1080	15. 84 700	26. 35 100
5. 256 000	16. 146 000	27. 42 800
6. 3920	17. 35 100	28. 19 200
7. 420	18. 9420	29. 8800
8. 12 600	19. 23 600	30. 19 000
9. 1240	20. 6160	31. 59 920
10. 7800	21. 70 000	32. £2800
11. 2600	22. 48 720	33. 19 200

34. A and C are wrong
35. B and C are wrong
36. She forgot to include the nought from the 50 in her calculation.

Exercise 2D (p. 24)

1. 672	11. 7712	21. 86 172
2. 559	12. 40 086	22. 56 648
3. 1290	13. 398 793	23. 169 422
4. 567	14. 35 028	24. 191 430
5. 1428	15. 112 893	25. 1 438 200
6. 1558	16. 107 520	26. 36 575
7. 2782	17. 39 934	27. 337 500
8. 4346	18. 70 952	28. 453 750
9. 7844	19. 37 814	29. 915 264
10. 3204	20. 565 915	30. 1 203 000

Exercise 2E (p. 25)

1. 2400	6. 1200	11. 18 000
2. 900	7. 1200	12. 24 000
3. 3200	8. 3600	13. 60 000
4. 1500	9. 3000	14. 300 000
5. 9000	10. 15 000	15. 240 000

16. 300 000, 244 326	32. 45 000, 40 091
17. 12 000, 11 136	33. 54 000, 51 888
18. 12 000, 10 192	34. 45 000, 40 281
19. 36 000, 34 225	35. 24 000, 22 222
20. 16 000, 18 768	36. 560 000, 563 997
21. 7200, 7098	37. 24 000, 23 458
22. 6000, 8750	38. 200 000, 231 548
23. 30 000, 32 406	39. 480 000, 465 234
24. 30 000, 30 012	40. a C b A
25. 7200, 6612	41. 8188
26. 40 000, 42 692	42. 56 296
27. 45 000, 42 987	43. 22 500
28. 50 000, 46 657	44. 1428
29. 600 000, 579 424	45. 2592
30. 300 000, 298 717	46. 672
31. 5600, 5382	47. a 3 b 5 c 5

Exercise 2G (p. 28)

1. 29	16. 27	31. 351 r 3
2. 14	17. 213	32. 1067 r 3
3. 6	18. 274	33. 1479 r 4
4. 19	19. 201 r 2	34. 2193
5. 18	20. 171	35. 1214
6. 48 r 1	21. 231	36. 198 r 6
7. 14 r 3	22. 103	37. 183
8. 20 r 3	23. 71 r 3	38. 354 r 3
9. 23	24. 32 r 6	39. 1727 r 2
10. 13 r 4	25. 81 r 3	40. 8
11. 9 r 6	26. 85	41. £3
12. 12 r 1	27. 121 r 5	42. 16
13. 13	28. 1167	43. 20 p
14. 2 r 3	29. 440 r 3	44. £41
15. 13	30. 2414 r 1	45. 26

46. The last two digits, '18', are not divisible by 4.

Exercise 2H (p. 29)

1. 25 r 6	5. 4 r 910	9. 9 r 426
2. 8 r 7	6. 5 r 7	10. 85 r 12
3. 1 r 96	7. 18 r 6	11. 30 r 77
4. 27 r 83	8. 278 r 1	12. 5 r 704

Exercise 2I (p. 30)

1. 12 r 14	15. 246 r 28	29. 202 r 22
2. 52 r 9	16. 456 r 1	30. 89 r 24
3. 18 r 1	17. 127 r 22	31. 200 r 13
4. 34 r 12	18. 86 r 28	32. 7 r 87
5. 20 r 14	19. 75 r 0	33. 26 r 15
6. 8 r 11	20. 120 r 21	34. 24 r 65
7. 35 r 0	21. 221 r 0	35. 32 r 200
8. 16 r 13	22. 135 r 24	36. 12 r 6
9. 16 r 21	23. 236 r 0	37. 56 r 91
10. 21 r 4	24. 217 r 15	38. 25 r 75
11. 28 r 13	25. 304 r 19	39. 5 r 62
12. 22 r 20	26. 573 r 7	40. 54 boxes
13. 215 r 9	27. 96 r 28	41. 34 cabbages
14. 348 r 7	28. 64 r 8	42. 15 questions

43. a 6   b 4   c 2

Exercise 2J (p. 32)

1. 18	**12.** 24	**23.** 12
2. 0	**13.** 2	**24.** 13
3. 12	**14.** 5	**25.** 17
4. 19	**15.** 1	**26.** 9
5. 0	**16.** 10	**27.** 16
6. 5	**17.** 3	**28.** 14
7. 22	**18.** 13	**29.** 14
8. 7	**19.** 26	**30.** 30
9. 7	**20.** 24	**31.** 68 p
10. 21	**21.** 21	**32.** 18 p
11. 9	**22.** 14	**33.** 74

34. a £1.45 **b** The second box has 15 p more.
35. 76
36. 840 cm
37. Jane 9 p, Sarah 18 p, Claire 33 p
38. 225 boys, 275 girls
39. 67
40. Sam wrongly added before multiplying; correct answer: 50
41. 600 m
42. Question 31: $5 \times 10 + 2 \times 9$;
Question 32: $3 \times 2 + 3 \times 1 + 3 \times 3$;
Question 33: $82 - 36 + 28$;
Question 34: **a** $5 \times 5 + 4 \times 10 + 6 \times 10 + 10 \times 2$;
Question 35: $26 + 35 + 10 + 5$;
Question 36: $300 \times 3 - 30 \times 2$
43. 1831 or 1832 depending on date of birth.
44. 124 or 125 years depending on date of birth.
45 a 12 minutes
b The time the bus leaves the station.

Exercise 2K (p. 35)

1. 1377	**4.** 6992	**7.** 54	**10.** 1236
2. 16 461	**5.** 723	**8.** 27	
3. 2002	**6.** 54 586	**9.** 48	

Exercise 2L (p. 35)

1. 1005	**5.** 6608	**9.** 1
2. 17	**6.** 1018	**10.** 6
3. 684	**7.** 242	**11.** 16 p
4. 28	**8.** 7	**12.** 13

Exercise 2M (p. 36)

1. 870	**5.** 29	**9.** 15
2. 54	**6.** 118	**10.** 7
3. 672	**7.** 50	**11.** 5
4. 9 r 7	**8.** 37	**12.** 37 p

Number Puzzles (p. 36)

1. a $-$ **d** $\div$ **g** $+, +$
  b $\times$ **e** $+, -$ **h** $+, +$ or $\times, \times$
  c $\div$ **f** $-, -$
2. a 35   **c** 21
  b 3 and 7   **d** e.g. $1 + 2 + 3 = 1 \times 2 \times 3 = 6$

3.

Chapter 3
Collecting and Displaying Data

Exercise 3B (p. 39)

1.

No. of brothers and sisters	Frequency
0	7
1	15
2	4
3	3
4	1
Total	30

2.

Crisp flavours	Frequency
S	14
V	7
C	7
P	8
Total	36

3.

Favourite colours	Frequency
R	17
G	3
B	4
Y	14
P	6
Total	44

4.

Shoe sizes	Frequency
22	1
23	10
24	15
25	11
26	4
27	3
Total	44

Exercise 3D (p. 42)

1. a 55 vehicles   **b** Car
  c

[Bar chart: B≈4, M≈10, C≈25, L≈16; x-axis "Type of vehicle", y-axis "Frequency"]

3

2. a 52 children
   b

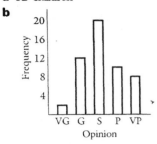

3. a Plain salted crisps
   b

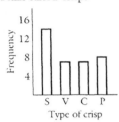

4. a Red
   b

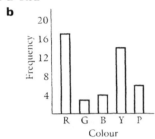

Exercise 3E (p. 43)

1. **a** Cat   **b** 8   **c** 30
2. **a** 8   **b** 1 pupil earned 1 mark
   c 8   **d** 28
3. **a** 6   **b** Art   **c** French
4. **a** Castle Hill   **b** 10 000   **c** Brotton, 7000

Exercise 3F (p. 44)

1. **a** 7 car lengths
   b One car length for every 10 mph of speed.
   c Any valid reason, e.g. weather affects braking distance.
2. **a** A   **b** C   **c** B   **d** C
3. **a** Margate   **b** June
   c Aberdeen, December; Margate, January
4. **a** 13   **b** Labour   **c** 1945 and 1987
   d

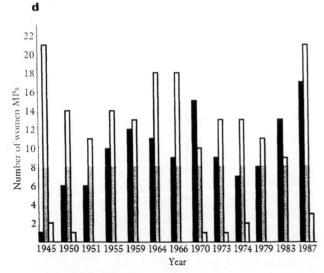

   e i The first graph.   **ii** The second graph.

Exercise 3G (p. 46)

1. **a** 1st Year: 10 deaths; 2nd Year: 14 deaths
      3rd Year: 10 deaths; 4th Year: 22 deaths
   b Danger   **c** Open to discussion.
2. **a** French
   b French, 18 pupils; Mathematics, 15 pupils;
      History, 11 pupils; Geography, 12 pupils;
      English, 16 pupils; Total, 72 pupils
   c Any valid argument, e.g.: No because it is not clear
      how many pupils parts of a body represent.
3. **a** The consumption of lemonade increased from 1993 to
      1995. The chart has no scale, so it is not possible to
      work out the actual size of the increase.
   b The bottles of lemonade do not have the same width;
      the impression of size is given by volume which
      increases more rapidly than height.

Chapter 4
Number and Patterns

Exercise 4B (p. 50)

1. $1 \times 18, 2 \times 9, 3 \times 6$
2. $1 \times 20, 2 \times 10, 4 \times 5$
3. $1 \times 24, 2 \times 12, 3 \times 8, 4 \times 6$
4. $1 \times 27, 3 \times 9$
5. $1 \times 30, 2 \times 15, 3 \times 10, 5 \times 6$
6. $1 \times 36, 2 \times 18, 3 \times 12, 4 \times 9, 6 \times 6$
7. $1 \times 40, 2 \times 20, 4 \times 10, 5 \times 8$
8. $1 \times 45, 3 \times 15, 5 \times 9$
9. $1 \times 48, 2 \times 24, 3 \times 16, 4 \times 12, 6 \times 8$
10. $1 \times 60, 2 \times 30, 3 \times 20, 4 \times 15, 5 \times 12, 6 \times 10$
11. $1 \times 64, 2 \times 32, 4 \times 16, 8 \times 8$
12. $1 \times 72, 2 \times 36, 3 \times 24, 4 \times 18, 6 \times 12, 8 \times 9$
13. $1 \times 80, 2 \times 40, 4 \times 20, 5 \times 16, 8 \times 10$
14. $1 \times 96, 2 \times 48, 3 \times 32, 4 \times 24, 6 \times 16, 8 \times 12$
15. $1 \times 144, 2 \times 72, 3 \times 48, 4 \times 36, 6 \times 24, 8 \times 18, 9 \times 16, 12 \times 12$
16. $1 \times 160, 2 \times 80, 4 \times 40, 5 \times 32, 8 \times 20, 10 \times 16$

Exercise 4C (p. 50)

1. 21, 24, 27, 30, 33, 36, 39
2. 20, 25, 30, 35, 40, 45
3. 28, 35, 42, 49, 56
4. 55, 66, 77, 88, 99
5. 26, 39, 52, 65

Exercise 4D (p. 51)

1. 2, 3, 5, 7, 11   **2.** 23, 29
3. **f** 2, 3, 5, 7, 11, 13, 17, 19, 23, 29, 31, 37, 41, 43, 47,
      53, 59, 61, 67, 71, 73, 79, 83, 89, 97
4. 41, 101 and 127
5. 101, 103, 107, 109, 113, 127, 131, 137, 139, 149, 151,
   157, 163, 167, 173, 179, 181, 191, 193, 197, 199
6. $3 + 5; 3 + 7; 5 + 7; 3 + 11$ or $7 + 7; 3 + 13$ or $5 + 11;$
   $5 + 13$ or $7 + 11; 3 + 17$ or $7 + 13$

7. $11 = 3 + 3 + 5$; $13 = 3 + 5 + 5$;
$15 = 3 + 5 + 7 = 5 + 5 + 5$;
$17 = 3 + 3 + 11 = 3 + 7 + 7 = 5 + 5 + 7$;
$19 = 3 + 3 + 13 = 3 + 5 + 11 = 5 + 7 + 7$;
$21 = 3 + 5 + 13 = 3 + 7 + 11 = 5 + 5 + 11 = 7 + 7 + 7$;
$23 = 3 + 3 + 17 = 3 + 7 + 13 = 5 + 5 + 13$
$= 5 + 7 + 11$;
$25 = 3 + 5 + 17 = 3 + 11 + 11 = 5 + 7 + 13$
$= 7 + 7 + 11 = 3 + 3 + 19$;
$27 = 3 + 5 + 19 = 3 + 7 + 17 = 3 + 11 + 13$
$= 5 + 5 + 17 = 7 + 7 + 13$;
$29 = 3 + 3 + 23 = 3 + 7 + 19 = 5 + 5 + 19$
$= 5 + 7 + 17 = 5 + 11 + 13 = 7 + 11 + 11$

8. a False: 2 is prime and even.
b False: 1 is the first odd number which is not prime.
c True: 2 is the only even prime.
d True: All other even numbers are divisible by 2 and another number other than 1.
e False: There are only four, 2, 3, 5 and 7.
9. a 2, 3, 5, 7, 11, 13, 17, 19, 23, 29, 31, 37, 41, 43, 47
b No
10. No

Exercise 4E (p. 53)

1. 2^3	**8.** 19^2	**15.** 9	**22.** 3^3
2. 3^4	**9.** 2^7	**16.** 49	**23.** 7^2
3. 5^4	**10.** 6^4	**17.** 81	**24.** 5^2
4. 7^5	**11.** 32	**18.** 16	**25.** 2^5
5. 2^5	**12.** 27	**19.** 2^2	**26.** 2^6
6. 3^6	**13.** 25	**20.** 3^2	
7. 13^3	**14.** 8	**21.** 2^3	

Exercise 4F (p. 54)

1. $2^2 \times 7^2$	**7.** $3^2 \times 5 \times 7^4$	**13.** 112
2. $3^3 \times 5^2$	**8.** $5^2 \times 13^3$	**14.** 36
3. $5^3 \times 13^2$	**9.** $3^3 \times 5^2 \times 7^2$	**15.** 180
4. $2^2 \times 3^2 \times 5^2$	**10.** $2^2 \times 3^2 \times 5^2$	**16.** 126
5. $2^3 \times 3^2 \times 5^2$	**11.** 108	
6. $2^2 \times 3 \times 11^2$	**12.** 225	

Exercise 4G (p. 55)

1. Yes	**4.** Yes	**7.** Yes	**10.** Yes
2. No	**5.** No	**8.** No	**11.** Yes
3. Yes	**6.** Yes	**9.** Yes	

12. Yes: $6540 = 6500 + 40$ and both divide by 20.

Exercise 4H (p. 56)

1. $2^3 \times 3$	**5.** $2^3 \times 17$	**9.** $3^4 \times 5$
2. $2^2 \times 7$	**6.** $2^2 \times 3 \times 7$	**10.** $2^4 \times 7^2$
3. $3^2 \times 7$	**7.** $2^3 \times 3^3$	
4. $2^3 \times 3^2$	**8.** $2^4 \times 3 \times 11$	

Exercise 4I (p. 56)

1. 3	**4.** 25	**7.** 5	**10.** 13
2. 8	**5.** 11	**8.** 4	**11.** 15
3. 12	**6.** 21	**9.** 14	**12.** 2

13. 96 packs in one carton.

Exercise 4J (p. 57)

1. 15	**5.** 48	**9.** 36	**13.** 840
2. 24	**6.** 60	**10.** 60	
3. 15	**7.** 36	**11.** 36	
4. 36	**8.** 108	**12.** 168	

Exercise 4K (p. 57)

1. £1
2. £10.80
3. 120 m
4. 2 minutes past midnight
5. 30 steps; 2 left
6. 50 cm
7. 78 seconds
8. 21
9. The small gear wheel turns 13 times, the large one 6 times.
10. 480 pupils; 20 classes

Exercise 4L (p. 59)

1. 4 added
2. 5 added
3. 7 added
4. 11 added
5. 3 subtracted
6. 5 subtracted
7. +4; 17, 21, 25
8. +10; 50, 60, 70
9. −5; 40, 35, 30
10. −7; 15, 8, 1
11. +8; 37, 45, 53
12. +12; 54, 66, 78
13. Start with 10 and add 15 each time.
14. Start with 7 and add 3 each time.
15. Start with 8 and add 7 each time.
16. Start with 100 and subtract 9 each time.
17. Start with 63 and subtract 8 each time.
18. Start with 8 and add 13 each time.

Exercise 4M (p. 60)

3. not rectangular
7. 3, 5, 7, 11, 13, 17, 19; prime numbers

Exercise 4N (p. 60)

1. a 1, 4, 9, 16, 25, 36 **b i** 100 **ii** 144
2. Totals: 1, 4, 9, 16; they are all square numbers; all but 1 are rectangular.
3. Totals: 1, 4, 9, 16; they are also all square numbers; all but 1 are rectangular.

Exercise 4P (p. 61)

2. 36, 45, 55
3. Totals: 1, 3, 6, 10, 15, i.e. the triangular numbers.
4. The two numbers are the same.

Exercise 4Q (p. 61)
1. 32, 64, 128
2. 3125, 15 625, 78 125
3. 162, 486, 1458
4. 16, 22, 29
5. 35, 47, 61
6. 17, 19, 23
7. 14, 22, 36
8. 13, 21, 34
9. 11, 18, 29
10. 8, 13, 21

11.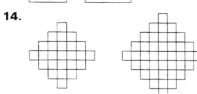
12.
13.
14.

Exercise 4R (p. 62)
1. 3^5
2. a 64   b 576
3. $2^3 \times 3^3$
4. No
5. 21
6. 24
7. 18 children
8. a 44, 50, 56   b 31, 43, 57

SUMMARY 1

Revision Exercise 1.1 (p. 66)
1. a 372   b Four thousand and seventy-six
2. a 87   b 151   c 219
3. a 761   b 209
4. 104 cm
5. 33 minutes
6. a 1722   b 1900   c 468 000
7. a i 85 r 2   ii 45   iii 45 r 4   b 12
8. 432
9. 8000; 7486
10. 4; 2 spare seats

Revision Exercise 1.2 (p. 67)
1. a 32 cars   b 51 people

c
People in cars	Frequency
1	20
2	7
3	3
4	2
Total	32

2. a 4   b 19   c 44   d 95   e 10   f 292
3. 35, 42, 49
4. a 5^3 b 3^6
5. a 7   b 13   c 5
6. a 3^4 b 2^6 c $2^4 \times 3$
7. a 70, 85, 100   b 36, 44, 52
8. The digit sum is 18, which is divisible by 3, so 2493 is divisible by 3.
9. The small gear wheel turns 11 times, the large one 7 times.
10. a 7, 17, 19, 23   b 16, 25   c 6, 15, 21   d 6, 8, 12, 15, 16, 20, 21 and 25

Revision Exercise 1.3 (p. 68)
1. 1647
2. 7145
3. a 23   b 30 240   c 2
4. 25 648 grams
5. a 350   b 660   c 210
6. £1.88
7. a $2^3 \times 7$ b $2^2 \times 3^3 \times 5$ c $3^2 \times 7^3$
8. a 10, 12, 14   b 32, 64, 128   c 16, 26, 42
9. 5, 30, 180, 1080

10. a
Customers	Frequency
M	5
W	11
B	9
G	11
Total	36

b

c 9 boys, 11 girls
d 6
e 36

Revision Exercise 1.4 (p. 69)
1. a 321   b 39   c 26
2. 179
3. a 5   b 2   c 7   d 2
4. a 3071   b 13   c 221 793   d 169
5. a 28   b Collecting   c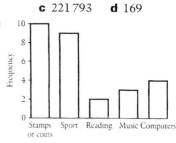

6. $32 = 3 + 29 = 13 + 19$;
   $34 = 3 + 31 = 5 + 29 = 11 + 23 = 17 + 17$;
   $36 = 5 + 31 = 7 + 29 = 13 + 23 = 17 + 19$;
   $38 = 7 + 31 = 19 + 19$
7. 80
8. 9.10 a.m.

Chapter 5
Parts of a Whole

Exercise 5A (p. 71)
1. $\frac{1}{6}$
2. $\frac{3}{8}$
3. $\frac{1}{3}$
4. $\frac{5}{6}$
5. $\frac{2}{6}$
6. $\frac{7}{10}$
7. $\frac{1}{4}$
8. $\frac{3}{4}$
9. $\frac{1}{2}$
10. $\frac{3}{10}$
11. $\frac{5}{12}$
12. $\frac{1}{4}$
13. $\frac{3}{7}$
14. $\frac{2}{6}$
15. $\frac{4}{8}$
16. $\frac{1}{6}$

Exercise 5B (p. 73)

1.
2.
3.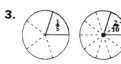
4.
5.
6.

7. $\frac{2}{6}$
8. $\frac{4}{10}$
9. $\frac{9}{21}$
10. $\frac{36}{40}$
11. $\frac{4}{18}$
12. $\frac{30}{80}$
13. $\frac{10}{22}$
14. $\frac{8}{36}$
15. $\frac{10}{100}$
16. $\frac{3}{18}$
17. $\frac{4}{12}$
18. $\frac{6}{15}$
19. $\frac{12}{28}$
20. $\frac{8}{36}$
21. $\frac{300}{800}$
22. $\frac{50}{110}$
23. $\frac{40}{50}$
24. $\frac{100}{1000}$
25. $\frac{90}{100}$
26. $\frac{6}{36}$
27. $\frac{16}{20}$
28. $\frac{12}{18}$
29. $\frac{20}{90}$
30. $\frac{3000}{8000}$

31. a $\frac{12}{24}$ b $\frac{8}{24}$ c $\frac{4}{24}$ d $\frac{18}{24}$ e $\frac{10}{24}$ f $\frac{9}{24}$
32. a $\frac{6}{45}$ b $\frac{20}{45}$ c $\frac{27}{45}$ d $\frac{15}{45}$ e $\frac{42}{45}$ f $\frac{9}{45}$
33. a $\frac{27}{36}$ b $\frac{20}{36}$ c $\frac{6}{36}$ d $\frac{10}{36}$ e $\frac{21}{36}$ f $\frac{24}{36}$
34. a $\frac{12}{72}$ b $\frac{12}{16}$ c $\frac{12}{14}$ d $\frac{12}{15}$ e $\frac{12}{18}$ f $\frac{12}{24}$

35. **b** and **e** are wrong; $\frac{2}{3} = \frac{6}{9}$ and $\frac{7}{10} = \frac{70}{100}$

Exercise 5C (p. 75)

1. $\frac{1}{3}$
2. $\frac{3}{5}$
3. $\frac{1}{3}$
4. $\frac{1}{2}$
5. $\frac{1}{3}$
6. $\frac{1}{2}$
7. $\frac{1}{3}$
8. $\frac{2}{3}$
9. $\frac{1}{2}$
10. $\frac{1}{4}$
11. $\frac{2}{7}$
12. $\frac{3}{10}$
13. $\frac{1}{5}$
14. $\frac{2}{5}$
15. $\frac{2}{7}$
16. $\frac{1}{3}$
17. $\frac{1}{2}$
18. $\frac{1}{5}$
19. $\frac{3}{5}$
20. $\frac{2}{5}$

Exercise 5D (p. 77)

13. 0.1
14. 0.03
15. 0.7
16. 0.09
17. 0.15
18. 0.81
19. 0.37
20. 0.4
21. 0.2
22. 0.05
23. 0.17
24. 0.38

25. 0.4; $\frac{2}{5}$ is equivalent to $\frac{4}{10}$

Exercise 5E (p. 78)

1. a 40% b 0.4 c $\frac{2}{5}$
2. a 30% b 0.3 c $\frac{3}{10}$
3. a 75% b 0.75 c $\frac{3}{4}$
4. a 20% b 0.2 c $\frac{1}{5}$
5. a 80% b 0.8 c $\frac{4}{5}$
6. a 90% b 0.9 c $\frac{9}{10}$
7. a 70% b 0.7 c $\frac{7}{10}$
8. a 15% b 0.15 c $\frac{3}{20}$
9. a 35% b 0.35 c $\frac{7}{20}$
10. a 45% b 0.45 c $\frac{9}{20}$
11. a 85% b 0.85 c $\frac{17}{20}$
12. a 65% b 0.65 c $\frac{13}{20}$
13. a 25% b 0.25 c $\frac{1}{4}$
14. a 50% b 0.5 c $\frac{1}{2}$
15. a 75% b 0.75 c $\frac{3}{4}$

16.
17.
18.
19.
20.

Exercise 5F (p. 80)

1. $\frac{3}{5}$
2. $\frac{4}{5}$
3. $\frac{7}{20}$
4. $\frac{1}{20}$
5. $\frac{3}{20}$
6. $\frac{19}{20}$
7. $\frac{12}{25}$
8. $\frac{2}{25}$
9. $\frac{17}{25}$
10. $\frac{8}{25}$
11. 20%
12. 85%
13. 34%
14. 60%
15. 96%

Exercise 5G (p. 82)

1. 0.65
2. 0.15
3. 0.45
4. 0.06
5. 0.37
6. 0.55
7. 0.24
8. 0.12
9. 33%
10. 28%
11. 78%
12. 92%

Exercise 5H (p. 83)

1. $\frac{1}{5}$
2. $\frac{3}{50}$
3. $\frac{1}{1000}$
4. $1\frac{7}{10}$
5. $1\frac{4}{5}$
6. $\frac{7}{1000}$
7. $15\frac{1}{2}$
8. $2\frac{1}{100}$
9. $\frac{43}{50}$
10. $\frac{17}{25}$
11. $\frac{12}{25}$
12. $\frac{1}{20}$
13. 0.13
14. 0.35
15. 0.4
16. 4.7
17. 0.15
18. 12.5
19. 0.46
20. 7.9
21. 0.4
22. 0.65
23. 0.375

Exercise 5I (p. 85)

1. a 65% b 0.65
2. 30%
3. a $\frac{1}{20}$ b 5%
4. $\frac{2}{25}$
5. a 42% b 0.42
6. a $\frac{7}{25}$ b 58% c 14%
7. $\frac{9}{10}$
8. a $\frac{9}{10}$ b 10%
9. a $\frac{3}{5}$ b i 20% ii 80% c 0.2 d 3:1

Exercise 5J (p. 86)

1. a $\frac{3}{10}$ b $\frac{17}{20}$ c $\frac{21}{50}$ d $\frac{1}{20}$
2. a 0.44 b 0.68 c 1.7 d 0.16
3. a 40% b 85% c 25% d 68%
4. a 20% b 62% c 84% d 78%
6. 80%; 0.8
7. $\frac{3}{5}$; 0.6
8. $\frac{7}{10}$; 70%
9. 55%; 0.55
10. $\frac{11}{25}$; 0.44

Exercise 5K (p. 87)

1. 27 p
2. 45 litres
3. 33 miles
4. 21 gallons
5. 292 days
6. 10 dollars
7. 15 miles
8. 28 km
9. 1 day
10. 21 hours

11. a i 25 ii 24 b 11
12. a i 36 m ii 15 m b 9 m
13. £320
14. 15 m
15. 198 kg
16. 148 litres
17. £19.20
18. 210 mm
19. 150 litres
20. 946 grams
21. £1260
22. £15
23. a £3 b £9
24. a 44 b 36
25. a i 84 ii 378 b 378
26. a 65 b 150 c 35

Exercise 5L (p. 90)

1. $\frac{1}{2}$
2. $\frac{5}{6}$
3. $\frac{4}{5}$
4. $\frac{2}{9}$
5. $\frac{3}{8}$
6. $\frac{3}{4}$
7. $\frac{3}{7}$
8. $\frac{6}{7}$
9. $\frac{3}{5}$
10. $\frac{3}{11}$
11. <
12. <
13. <
14. <
15. >
16. <
17. <
18. <
19. <
20. >
21. $\frac{1}{2}, \frac{3}{5}, \frac{2}{3}, \frac{7}{10}$
22. $\frac{4}{10}, \frac{5}{8}, \frac{13}{20}, \frac{3}{4}$
23. $\frac{3}{8}, \frac{2}{5}, \frac{1}{2}, \frac{7}{10}, \frac{17}{20}$
24. $\frac{2}{5}, \frac{1}{2}, \frac{14}{25}, \frac{3}{5}, \frac{7}{10}$
25. $\frac{5}{6}, \frac{7}{9}, \frac{2}{3}, \frac{11}{18}, \frac{1}{2}$
26. $\frac{3}{4}, \frac{7}{10}, \frac{13}{20}, \frac{3}{5}, \frac{1}{2}$
27. $\frac{7}{16}, \frac{1}{2}, \frac{19}{32}, \frac{5}{8}, \frac{3}{4}$

Exercise 5M (p. 92)

1. 3.59
2. 25.64
3. 5
4. 4.83, 6.29, 6.76
5. 12.55, 12.6, 13.75, 14.09
6. 9.03, 9.07, 9.18, 9.51
7. 7.05, 7.5, 7.55, 7.555
8. 4.87, 4.76, 4.69, 4.07
9. 10.1, 10.05, 9.88, 7.06
10. $\frac{6}{25}, \frac{3}{5}, \frac{13}{20}, \frac{7}{10}, \frac{3}{4}$
11. $\frac{11}{25}, \frac{1}{2}, \frac{11}{20}, \frac{4}{5}, \frac{9}{10}$
12. $\frac{35}{1000}, \frac{97}{1000}, \frac{1}{10}, \frac{13}{100}$

Exercise 5N (p. 93)

1. **a** 20 **b** 28 **c** 60 **d** 60
2. **a** 55% **b** 0.55 **c** $\frac{11}{20}$
3. **a** $\frac{13}{20}$ **b** 0.78 **c** 54% **d** 0.95 **e** 41% **f** $\frac{11}{25}$
4. **a** 49 m **b** 154 kg **c** 418 cm
5. **a** 2.6 **b** $\frac{5}{7}$
6. $\frac{7}{20}, \frac{4}{10}, \frac{1}{2}, \frac{31}{50}$

Chapter 6
Addition and Subtraction of Fractions and Decimals

Exercise 6B (p. 97)

1. $\frac{3}{4}$
2. $\frac{1}{2}$
3. $\frac{5}{11}$
4. $\frac{10}{13}$
5. $\frac{6}{7}$
6. $\frac{9}{10}$
7. $\frac{19}{23}$
8. $\frac{3}{7}$
9. $\frac{3}{5}$
10. $\frac{2}{5}$
11. $\frac{3}{4}$
12. $\frac{2}{5}$
13. $\frac{11}{21}$
14. $\frac{1}{2}$
15. $\frac{11}{13}$
16. $\frac{4}{5}$
17. $\frac{6}{11}$
18. $\frac{2}{3}$
19. $\frac{4}{5}$
20. $\frac{2}{5}$
21. $\frac{5}{9}$
22. $\frac{11}{14}$
23. $\frac{9}{17}$
24. $\frac{25}{99}$
25. $\frac{3}{4}$
26. $\frac{7}{10}$

Exercise 6C (p. 99)

1. $\frac{13}{15}$
2. $\frac{23}{40}$
3. $\frac{11}{30}$
4. $\frac{29}{35}$
5. $\frac{29}{30}$
6. $\frac{39}{56}$
7. $\frac{25}{42}$
8. $\frac{20}{21}$
9. $\frac{19}{42}$
10. $\frac{41}{42}$
11. $\frac{82}{99}$
12. $\frac{47}{90}$
13. $\frac{7}{10}$
14. $\frac{13}{16}$
15. $\frac{17}{21}$
16. $\frac{33}{100}$
17. $\frac{9}{10}$
18. $\frac{5}{8}$
19. $\frac{8}{9}$
20. $\frac{13}{18}$
21. $\frac{13}{20}$
22. $\frac{13}{22}$
23. $\frac{13}{15}$
24. $\frac{3}{4}$
25. $\frac{19}{20}$
26. $\frac{17}{24}$
27. $\frac{19}{20}$
28. $\frac{11}{12}$
29. 1
30. $\frac{39}{40}$
31. $\frac{13}{18}$
32. $\frac{19}{30}$
33. $\frac{2}{3}$
34. $\frac{11}{14}$
35. $\frac{1}{2}$

36. $\frac{2}{3}$
37. Less than half: two quarters make a half, and a fifth is less than a quarter.
38. **a** C **b** B **c** A
39. Two mistakes: $\frac{4}{20}$ should be $\frac{8}{20}$; the final denominator should be 20.

Exercise 6D (p. 101)

1. $\frac{2}{3}$
2. $\frac{1}{2}$
3. $\frac{11}{20}$
4. $\frac{2}{5}$
5. $\frac{5}{21}$
6. $\frac{7}{15}$
7. $\frac{18}{55}$
8. $\frac{1}{9}$
9. $\frac{3}{26}$
10. $\frac{1}{12}$
11. $\frac{9}{100}$
12. $\frac{19}{56}$
13. $\frac{3}{16}$
14. $\frac{4}{15}$
15. $\frac{1}{8}$
16. $\frac{1}{4}$
17. $\frac{3}{18}$
18. $\frac{4}{15}$
19. $\frac{11}{24}$

20. Less than a half: $\frac{3}{4} - \frac{1}{4}$ would make $\frac{1}{2}$ and $\frac{1}{3}$ is larger than $\frac{1}{4}$
21. $\frac{3}{10}$
22. **a** A **b** C **c** B
23. $\frac{27}{36}$ should be $\frac{28}{36}$; $\frac{6}{36}$ is equivalent to $\frac{1}{6}$, not $\frac{1}{3}$

Exercise 6E (p. 103)

1. $\frac{3}{8}$
2. $\frac{5}{7}$
3. $\frac{1}{16}$
4. $\frac{9}{50}$
5. $\frac{5}{12}$
6. $\frac{3}{5}$
7. $\frac{17}{50}$
8. $\frac{1}{2}$
9. $\frac{3}{4}$
10. $\frac{1}{18}$
11. $\frac{1}{12}$
12. $\frac{1}{16}$
13. $\frac{2}{9}$
14. $\frac{7}{20}$
15. $\frac{1}{3}$
16. $\frac{19}{100}$
17. $\frac{1}{4}$
18. $\frac{1}{30}$

20. $\frac{13}{15}$ spent; $\frac{2}{15}$ left
21. $\frac{11}{15}$ bought food; $\frac{4}{15}$ bought a drink
22. **a** $\frac{1}{3}$ **b** $\frac{1}{12}$
23. **a** $\frac{3}{8}$ **b** $\frac{7}{8}$
24. $\frac{1}{16}$
25. $\frac{1}{5}, \frac{1}{6}, \frac{11}{30}, \frac{4}{15}$

Exercise 6F (p. 106)

1. $2\frac{1}{4}$
2. $4\frac{3}{4}$
3. $6\frac{1}{6}$
4. $5\frac{3}{10}$
5. $9\frac{7}{9}$
6. $3\frac{1}{2}$
7. $6\frac{3}{4}$
8. $5\frac{1}{8}$
9. $25\frac{2}{5}$
10. $10\frac{4}{11}$
11. $11\frac{6}{9}$
12. $15\frac{1}{6}$
13. $13\frac{2}{5}$
14. $13\frac{2}{5}$
15. $4\frac{9}{10}$
16. $\frac{13}{3}$
17. $\frac{33}{4}$
18. $\frac{17}{10}$
19. $\frac{98}{9}$
20. $\frac{57}{7}$
21. $\frac{33}{5}$
22. $\frac{20}{7}$
23. $\frac{25}{6}$
24. $\frac{11}{3}$
25. $\frac{11}{2}$
26. $\frac{37}{5}$
27. $\frac{19}{5}$
28. $\frac{35}{4}$
29. $\frac{19}{10}$
30. $\frac{59}{10}$

Exercise 6G (p. 107)

1. $5\frac{1}{7}$
2. $9\frac{5}{6}$
3. $4\frac{8}{11}$
4. $2\frac{1}{2}$
5. $16\frac{2}{5}$
6. $7\frac{1}{4}$
7. $13\frac{2}{3}$
8. $7\frac{1}{9}$
9. $8\frac{1}{6}$
10. $10\frac{7}{10}$
11. $7\frac{2}{5}$
12. $6\frac{1}{2}$

Exercise 6H (p. 108)

1. $5\frac{3}{4}$
2. $3\frac{5}{6}$
3. $5\frac{23}{40}$
4. $9\frac{4}{9}$
5. $5\frac{29}{36}$
6. $4\frac{1}{6}$
7. $4\frac{9}{20}$
8. $3\frac{3}{14}$
9. $7\frac{7}{10}$
10. $13\frac{17}{21}$
11. $10\frac{13}{16}$
12. $6\frac{1}{3}$
13. $11\frac{3}{14}$
14. $8\frac{1}{16}$
15. $12\frac{1}{16}$
16. $11\frac{9}{10}$
17. $8\frac{3}{10}$
18. $18\frac{1}{2}$
19. $10\frac{1}{10}$
20. $11\frac{1}{10}$
21. $11\frac{1}{2}$
22. $17\frac{3}{7}$
23. $17\frac{3}{16}$
24. $21\frac{1}{18}$
25. $\frac{3}{8}$ inch
26. $22\frac{1}{2}$ ft
27. $4\frac{5}{12}$ cups
28. Bigger
29. No

Exercise 6I (p. 111)

1. $1\frac{5}{8}$
2. $1\frac{13}{15}$
3. $1\frac{1}{6}$
4. $\frac{3}{4}$
5. $5\frac{5}{12}$
6. $1\frac{1}{2}$
7. $1\frac{5}{14}$
8. $2\frac{3}{10}$
9. $1\frac{7}{10}$
10. $3\frac{11}{35}$
11. $2\frac{2}{15}$
12. $3\frac{1}{4}$
13. $3\frac{3}{10}$
14. $2\frac{4}{63}$
15. $3\frac{7}{24}$
16. $2\frac{25}{28}$
17. $1\frac{3}{4}$
18. $3\frac{7}{20}$
19. $3\frac{9}{35}$
20. $6\frac{2}{33}$
21. $3\frac{3}{28}$
22. $1\frac{5}{8}$
23. $\frac{3}{4}$
24. $1\frac{27}{35}$
25. $1\frac{3}{8}$
26. $2\frac{7}{10}$
27. $\frac{7}{9}$
28. $1\frac{1}{2}$
29. $3\frac{9}{10}$
30. $\frac{2}{3}$
31. $22\frac{1}{5}$ inches
32. $\frac{1}{6}$
33. $\frac{5}{24}$
34. $\frac{19}{20}$

35. $9\frac{1}{3} - 4\frac{7}{8}$ by $\frac{49}{120}$

Exercise 6J (p. 112)

1. 10.8
2. 7.55
3. 0.039
4. 3.98
5. 5.83
6. 14.04
7. 7.6
8. 12.24
9. 3.68
10. 9.12
11. 0.2673
12. 2.102
13. 0.00176
14. 0.131
15. 4.698
16. 0.3552
17. 4.6005
18. 20.7
19. 6.798
20. 27.374
21. 2.38
22. 17.301
23. 15.62
24. 13.52
25. 16.81
26. 22.6 cm
27. £24.77
28. 53.2 cm

Exercise 6K (p. 114)

1. 2.5
2. 7.8
3. 18.5
4. 0.41
5. 0.0321
6. 16.87
7. 2.241
8. 0.191
9. 71.4
10. 6.65
11. 41.45
12. 6.939
13. 3.06
14. 2.94
15. 3.12
16. 2.66
17. 2.4
18. 7.882
19. 6.118
20. 2.772
21. 11.1974
22. 0.000197
23. 0.0067
24. 0.0013
25. 0.00527
26. 0.05927
27. 5.27
28. 5.927
29. 7.24
30. 729.4
31. 0.72994
32. 0.13
33. 57.6
34. 8.3
35. 0.149
36. 6.81
37. 5.3 m
38. £10.52
39. 1

40. **a** Any valid reason, e.g. the answer should end in .5.
    b Janet has mistakenly added 0.7 cm instead of 7.0 cm to 2.5 cm; she then made another mistake in the units (should be '10 − 4' or '9 − 3').

Exercise 6L (p. 116)

1. 10.32
2. 6.92
3. 2.98
4. 6.6
5. 4.4
6. 100.28
7. 99.72
8. 0.286
9. 0.234
10. 77.62
11. 39.88
12. 36.52
13. 202.84
14. 17.76
15. 0.59
16. 0.007
17. 0.382
18. 6.64
19. 38.82
20. 7.81
21. 5.9 cm
22. £2.85
23. 25 p
24. 7.44 cm

Exercise 6M (p. 117)

1. **a** $\frac{4}{5}$ **b** $\frac{7}{8}$
2. **a** $\frac{1}{8}$ **b** $\frac{1}{3}$ **c** $\frac{17}{56}$
3. $4\frac{2}{3}$
4. 0.25
5. **a** $5\frac{13}{20}$ **b** $4\frac{9}{10}$
6. **a** 9.52 **b** 0.589
7. **a** 6.02 **b** 3.228
8. 13.84
9. $\frac{1}{2}$

Exercise 6N (p. 118)

1. **a** $\frac{7}{12}$ **b** 1
2. **a** $\frac{1}{5}$ **b** $\frac{4}{21}$
3. £11.63
4. 1.5
5. 43.2 cm
6. $\frac{31}{6}$
7. **a** 6 **b** $6\frac{1}{10}$
8. **a** 1.617 **b** 15.16
9. **a** 36.59 **b** 0.849

Number Puzzles (p. 118)

1. **c** Lowest score possible: 0.668 (0.57 + 0.098)

2. **a**

9	1.8	8.1
5.4	6.3	7.2
4.5	10.8	3.6

c e.g.

1.5	1.0	0.3	0.6
0.4	0.5	1.6	0.9
1.4	1.1	0.2	0.7
0.1	0.8	1.3	1.2

b 5.5 should be 5.6; 8.5 should be 8.4

Chapter 7
More on Decimals

Exercise 7B (p. 121)

2. 7200
3. 82.4
4. 2.4
5. 327.8
6. 4.3
7. 7
8. 72810
9. 0.063
10. 374
11. 28.1 mm
12. 1450 cm

Exercise 7C (p. 122)

2. 2.668
3. 7.637
4. 0.016
5. 2.7
6. 0.058
7. 0.044
8. 0.426
9. 1.68
10. 0.0082
11. 0.16 cm
12. 5.2 cm
13. 0.16
14. 16
15. 0.0067
16. 3.2
17. 1430
18. 6.8
19. 0.0163
20. 1230
21. 0.14
22. 7800
23. 0.56
24. 270
25. 0.082
26. 0.00078
27. 0.0077
28. 0.00058
29. 0.000045
30. 41
31. 6.7 m
32. £164

33. 560 ÷ 10 is larger by 9
34. 1.36 ÷ 10 is smaller by 4.464

35. £875
36. 0.27
37. 0.74
38. 1.835
39. 624
40. 1340 kg
41. 424.5 m

42. (15.9 − 4.6) × 10 is larger by 110.977
43. **a** 88 g **b** 8800 g

Exercise 7D (p. 124)

1. 5.2
2. 13.5
3. 6.4
4. 12.6
5. 8.43
6. 3.9
7. 209.6
8. 3251.6
9. 19.5
10. 8.04
11. 0.504
12. 322.32
13. 102
14. 280
15. 512
16. 2268
17. 49.8
18. 137.5
19. 602
20. 2934
21. 43.2

Exercise 7E (p. 125)

1. 0.2	**19.** 0.006	**37.** 0.042
2. 1.6	**20.** 0.81	**38.** 0.197
3. 0.21	**21.** 0.308	**39.** 1.2
4. 2.6	**22.** 0.1092	**40.** 1.85
5. 0.1	**23.** 0.0057	**41.** 0.415
6. 0.19	**24.** 0.0019	**42.** 0.72
7. 0.224	**25.** 0.09	**43.** 0.0004
8. 3.8	**26.** 0.1043	**44.** 0.8875
9. 21.3	**27.** 0.9	**45.** 4.55
10. 2.51	**28.** 0.0106	**46.** 0.00155
11. 1.64	**29.** 0.019	**47.** 2.35
12. 0.15	**30.** 1.32	**48.** 0.125
13. 1.34 mm	**31.** 5.26	**49.** 0.03875
14. 0.144 mm	**32.** 0.067	**50.** 1.905
15. 0.019	**33.** 2.64	**51.** 3.65 cm
16. 0.0013	**34.** 0.177	**52.** 4.075
17. 0.00218	**35.** 0.00243	**53.** 7.15 kg each
18. 0.002	**36.** 0.39	**54.** 3.2 cm

Exercise 7F (p. 127)

1. 1.1	**7.** 0.53	**13.** 0.43
2. 0.15	**8.** 0.26	**14.** 0.52
3. 0.45	**9.** 0.7	**15.** 3.12
4. 0.51	**10.** 3.14	**16.** £34.50
5. 3.6	**11.** 0.32	**17.** 67p each
6. 3.3	**12.** 3.2	**18.** £4.99

19. a 1.2225 g   **b** 8.5575 g

Exercise 7G (p. 128)

1. 0.25	**5.** 0.04	**9.** 0.875
2. 0.375	**6.** 2.8	**10.** 0.75
3. 0.6	**7.** 0.625	**11.** 0.0625
4. 0.3125	**8.** 1.4375	**12.** 0.125

Exercise 7H (p. 129)

1. $\frac{1}{5}$	**6.** $\frac{7}{10}$	**11.** $\frac{1}{200}$	**16.** 0.375
2. $\frac{3}{10}$	**7.** $\frac{9}{10}$	**12.** $\frac{1}{40}$	**17.** 0.03
3. $\frac{4}{5}$	**8.** $\frac{1}{20}$	**13.** 0.9	**18.** 0.75
4. $\frac{3}{4}$	**9.** $\frac{3}{8}$	**14.** 0.25	**19.** 0.625
5. $\frac{3}{5}$	**10.** $\frac{1}{25}$	**15.** 0.8	**20.** 0.07

Exercise 7I (p. 130)

1. 0.008	**3.** 0.018	**5.** 0.0003
2. 0.01	**4.** 0.06	**6.** 0.0004

7. The number of decimal places in each answer is the same as the total number of decimal places present in the quantities being multiplied.

Exercise 7J (p. 130)

1. 0.18	**11.** 0.036	**21.** 63
2. 0.0024	**12.** 8.1	**22.** 0.112
3. 0.018	**13.** 0.0088	**23.** 22.4
4. 0.0108	**14.** 0.77	**24.** 0.0022
5. 0.00021	**15.** 0.28	**25.** 0.003
6. 0.035	**16.** 166.5 cm	**26.** 0.64
7. 0.0064	**17.** 0.1502	**27.** 0.8
8. 0.018	**18.** 1.6	**28.** 0.0008
9. 0.042	**19.** 1.4	**29.** 6.4
10. 0.84	**20.** 240	**30.** 0.08
31. 800	**37.** 15.6 mm	**43.** 0.4536
32. 0.64	**38.** 45.9 kg	**44.** 33
33. 0.008	**39.** 6.72	**45.** 0.002788
34. 12.4	**40.** 12.48	**46.** 2.56
35. 7.5 mm	**41.** 0.0952	**47.** 0.1054
36. £435	**42.** 434	

48. a 2.7 miles   **b** 8.1 miles
49. a 7.5 minutes   **c** 10:41
   b 10.83 minutes   **d** Yes with 4.75 minutes to spare.

Exercise 7K (p. 134)

1. 0.33	**11.** 0.18	**21.** 7	**31.** 1.8
2. 0.32	**12.** 1.58	**22.** 110	**32.** 42.6
3. 1.27	**13.** 5.00	**23.** 6	**33.** 1.01
4. 2.35	**14.** 0.01	**24.** 74	**34.** 0.09
5. 0.04	**15.** 8.03	**25.** 4	**35.** 0.7
6. 0.69	**16.** 14	**26.** 58	**36.** 1.64
7. 0.84	**17.** 6	**27.** 1	**37.** 1.6
8. 3.93	**18.** 27	**28.** 15	**38.** 2
9. 0.01	**19.** 3	**29.** 153	**39.** 343.50
10. 4.00	**20.** 4	**30.** 26	**40.** 3.5

Exercise 7L (p. 135)

1. 0.17	**8.** 0.35	**15.** 0.04
2. 0.93	**9.** 0.23	**16.** 0.9
3. 2.03	**10.** 4.1	**17.** 0.16
4. 2.85	**11.** 57.4	**18.** 9.68
5. 0.16	**12.** 0.9	**19.** 27.32
6. 0.05	**13.** 0.21	**20.** 0.02
7. 0.24	**14.** 7.3	**21.** 2.3

22. £14.29; No, it is 3p short.
23. 0.80, 0.86, 0.87, 0.79; $\frac{15}{19}, \frac{4}{5}, \frac{6}{7}, \frac{13}{15}$
24. 0.43, 0.42, 0.46; $\frac{5}{12}, \frac{3}{7}, \frac{6}{13}$
25. $\frac{9}{11} = 0.818$ (3 dp); $\frac{19}{23} = 0.826$ (3 dp); $\frac{19}{23}, 0.82, \frac{9}{11}, 0.801$
26. a 0.8 because $\frac{14}{19}$ is only a little larger than $\frac{14}{20}$ (= 0.7)
   b $\frac{7}{11}$
27. Sheena is correct.
28. a 128.0 calories   **b** 276.8 calories   **c** 163.0 calories

Exercise 7M (p. 138)

1. 0.2	**13.** 100	**25.** 24.5
2. 8	**14.** 2.3	**26.** 3.2
3. 20	**15.** 0.012	**27.** 1.2
4. 4500	**16.** 0.00171	**28.** 7
5. 12	**17.** 52000	**29.** 1.2
6. 0.16	**18.** 60	**30.** 0.08
7. 60	**19.** 4	**31.** 12 coins
8. 5	**20.** 22	**32.** 2.4
9. 13	**21.** 92	**33.** 560 shares
10. 80	**22.** 0.8	**34.** 63 screws
11. 360	**23.** 900	
12. 21	**24.** 0.31	

35. a i 0.07 mm   **ii** 3.15 mm   **iii** 35 mm
   b i 4.2 mm   **ii** 15.4 mm
   c i 50   **ii** 375
   d i 360   **ii** 256

Exercise 7N (p. 140)

1. 6.33	11. 20.25		
2. 8.43	12. 283.33		
3. 16.67	13. a 2.6	b 2.63	
4. 41.67	14. a 4.9	b 4.94	
5. 0.03	15. a 0.6	b 0.63	
6. 0.93	16. a 0.3	b 0.32	
7. 0.02	17. a 4.0	b 3.97	
8. 2.88	18. a 5.2	b 5.15	
9. 8.18	19. a 0.6	b 0.62	
10. 32.86	20. a 0.2	b 0.24	

Exercise 7P (p. 141)

1. 0.144	8. 0.14	15. 0.54
2. 1.6	9. 6.72	16. 1.86
3. 0.0512	10. 4.2	17. 0.34
4. 128	11. 12.24	18. 1.81
5. 4.5	12. 0.3024	19. 0.33
6. 5.76	13. 44.02	20. 2.42
7. 0.000 126	14. 2.27	21. 20.70

22. a 3.6×6 b $3.6 \div 0.6$ c 0.8×0.8
23. a 3.7 c 0.017 64 e 2.5296
    b 76.472 d 0.504 f 0.65

Exercise 7Q (p. 142)

1. 0.0205 2. 3.01 3. 0.875 4. 0.06
5. a 3.13 b 0.08 c 3.00 6. 4.48
7. $6\frac{2}{3}$ is larger because it is 6.7 correct to one decimal place.
8. a 23 b 1.2294 9. 9.34

Exercise 7R (p. 142)

1. a 426.4 b 0.3743
2. a 2022 b 0.09
3. a 1.77 (2 dp) b 0.045
4. a 0.048 b 0.06 c 322
5. a 18 b 17.9 c 17.91
6. a 0.85 b 1.82
7. a 0.8 b 0.07
8. 0.52×0.6 is larger by 0.0095
9. 292

Chapter 8
Metric Units

Exercise 8B (p. 145)

(Note that rulers vary so answers may vary slightly from these.)

2. a 5.3 cm b 8.3 cm c 2.1 cm d 6.8 cm e 9.6 cm
3. a 15 mm b 8 mm c 4 mm d 30 mm e 6 mm
6 Perimeter, 40 cm 7. a 900 cm

Exercise 8C (p. 147)

1. 200 cm	10. 2 000 000 mm	19. 270 cm
2. 5000 m	11. 500 cm	20. 190 000 cm
3. 30 mm	12. 7000 mm	21. 38 mm
4. 400 cm	13. 150 cm	22. 9200 mm
5. 12 000 m	14. 23 mm	23. 2300 m
6. 150 mm	15. 4600 m	24. 840 cm
7. 6000 mm	16. 3700 mm	25. 24 cm
8. 100 000 cm	17. 1900 mm	26. 3.5 m
9. 3000 mm	18. 3500 m	

27. 0.57 m, 156 cm, 2889 mm, 3.8 m, 25 m

Exercise 8D (p. 148)

1. 12 000 kg	9. 4000 g	17. 5 200 000 mg
2. 3000 g	10. 2 000 000 mg	18. 600 mg
3. 5000 mg	11. 3000 kg	19. 11 300 kg
4. 1 000 000 g	12. 4000 mg	20. 2500 g
5. 1 000 000 mg	13. 1500 g	21. 7300 mg
6. 13 000 g	14. 2700 kg	22. 300 000 mg
7. 6000 mg	15. 1800 mg	23. 500 kg
8. 2 000 000 g	16. 700 kg	24. 800 mg

Exercise 8E (p. 149)

1. 30 cm	8. 8.8 cm	15. 3.8 t
2. 6 km	9. 1.25 m	16. 0.086 t
3. 1.5 m	10. 2.85 km	17. 0.56 kg
4. 25 cm	11. 1.5 t	18. 0.028 g
5. 1.6 km	12. 3.68 kg	19. 0.19 t
6. 0.072 km	13. 1.5 g	20. 0.086 kg
7. 0.12 m	14. 5.02 kg	

21. The locomotive is heavier.
22. 279 000 kg, 3 t, 900 kg, 279 000 g
23. 0.25 kg, 79 g, 7900 mg, 2.5 g

Exercise 8F (p. 151)

1. 5.86 m	15. 15 100 g	29. 2642 kg
2. 1.035 m	16. 2650 g	30. 19 850 mg
3. 3001.36 m	17. 1046.68 g	31. 35 420 g
4. 3051	18. 308.73 g	32. 910 kg
5. 5.647 m	19. 2580 kg	33. 448.2 cm
6. 4.65 m	20. 2362 kg	34. 270.5 mm
7. 440 mm	21. 2.22 kg	35. 748 kg
8. 55 mm	22. 1606.4 kg	36. 4.11 g
9. 1820 mm	23. 1089.6 kg	37. 1080 mm
10. 2456 mm	24. 5972 kg	38. 4 kg
11. 5059 mm	25. 748 cm	39. 2.2 kg
12. 1358 mm	26. 0.922 m	40. 15 m
13. 3250 g	27. 1150 g	41. 5.3 kg
14. 5115 g	28. 73.6 cm	42. 2.23 km

43. 9 kg 192 g (or 9.192 kg)
44. Perimeter: 3056 m; 3050 m of fence.
45. No
46. 360 cm
47. Total weight: 95 t 660 kg (95.66 t); 121 t 960 kg (121.96 t)
48. 77 kg; 72.55 kg
49. 13 360 m; 13.64 km
50. a 5.6 g b Yes
51. 175 days

Exercise 8G (p. 154)

1. 700 cents	10. 735 cents	19. £3.20
2. 600 pence	11. £1.26	20. $5.05
3. 800 pfennigs	12. $3.50	21. £9.60
4. 1300 centimes	13. £1.90	22. 6 marks
5. 284 pence	14. 3.50 marks	23. £2.45
6. 4381 cents	15. $43.07	24. £6.75
7. 1103 pfennigs	16. £2.28	25. 60 p
8. 615 pence	17. 3.47 marks	
9. 130 cents	18. £5.80	

Exercise 8H (p. 156)

1. 4000 m
2. 0.03 kg
3. 350 cm
4. 0.25 kg
5. 3000 cm
6. 1.25 km
7. 1.5 m
8. 28 mm
9. 0.065 kg
10. 4.29 kg
11. a 8 p b 6 g
12. a 39 mm b 57 mm c 18 mm d 78 mm

Chapter 9
Imperial Units

Exercise 9A (p. 158)

1. 68 in
2. 14 ft
3. 17 ft
4. 123 in
5. 35 in
6. 100 in
7. 28 ft
8. 118 in
9. 3 ft
10. 2 ft 5 in
11. 7 ft 2 in
12. 3 yd
13. 4 yd 1 ft
14. 6 ft 3 in
15. 33 yd 1 ft
16. 10 ft
17. a 2640 yd b 440 yd c 220 yd
18. 1320 yd
19. 4 ft 8 in
20. 4 in
21. £9
22. 960 yd
23. 1321 cones

Exercise 9B (p. 160)

1. 38 oz
2. 28 oz
3. 67 oz
4. 31 lb
5. 104 lb
6. 1 lb 8 oz
7. 1 lb 2 oz
8. 2 lb 4 oz
9. 4 stone 1 lb
10. 7 stone 8 lb
11. 64 cwt
12. 162 lb
13. 1 ton 10 cwt
14. 1 cwt 8 lb
15. 3 lb
16. 9 stone 10 lb
17. 1 lb 5 oz
18. 6 oz
19. 12 p
20. 2 stone
21. £5.60
22. 3 tons

Exercise 9C (p. 162)

1. 6 lb
2. 6 ft
3. 2 kg
4. 3 m
5. 3 lb
6. 15 ft
7. 7 lb
8. $2\frac{2}{3}$ m
9. 8 oz
10. 1 lb
11. $6\frac{2}{3}$ m
12. 1.6 lb
13. 4.5 kg
14. 150 ft
15. 24 lb
16. 16 km
17. 32 km
18. 24 km
19. 160 km
20. 120 km
21. 64 km
22. 8 lb
23. 2 m
24. 2 m
25. The 4 kg packet of sugar.
26. The cloth measuring 4 ft by 8 ft.
27. Calais to Paris.
28. 8 oz
29. 15 cm
30. 4 in
31. a 25 mm b 15 mm
32. 15 cm
33. 1.35 m (2 dp)
34. 13 stone 12 lb
35. £9 per yard
36. 0.04 kg, 50 g, 2 oz, $\frac{1}{5}$ lb
37. 25 cm, 8 in, $1\frac{1}{8}$ in, 25 mm

SUMMARY 2

Revision Exercise 2.1 (p. 168)

1. a $\frac{8}{24}$ b $\frac{18}{24}$ c $\frac{4}{24}$ d $\frac{14}{24}$ e $\frac{21}{24}$
2. a 0.7 b 0.07 c 0.9 d 0.31
3. a 80% b 360
4. a $\frac{3}{4}$ b $\frac{1}{5}$ c $\frac{1}{20}$ d $\frac{3}{20}$
5. $\frac{3}{25}$
6. a $\frac{3}{10}$ b $\frac{17}{21}$ c $2\frac{1}{12}$ d $2\frac{5}{12}$
7. a 2.22 b 37.04 c 3.92
8. a $\frac{7}{15}$ b $\frac{3}{4}$ c $14\frac{1}{6}$
9. a 7.44 b 2.39
10. a 30% b 70%

Revision Exercise 2.2 (p. 169)

1. a 0.3 b 6.015 c 420 d 2.28
2. a 0.63 b 5.93
3. £13.90
4. a 4.8 m b 2500 g c 50 mg
5. a 24 in b 28 lb c 24 oz
6. 24 in
7. 573 mm, 45 inches, 500 yd, 0.78 km
8. 92 mm; 23 mm
9. 1000 mm
10. a 77 km b 62.5 miles

Revision Exercise 2.3 (p. 170)

1. a i $\frac{3}{4}$ ii $\frac{3}{5}$ iii $\frac{3}{5}$
   b i $1\frac{11}{20}$ ii $\frac{5}{6}$ iii $2\frac{1}{6}$
2. a 410 mm b 3.516 m c 7.526 t
3. a $\frac{13}{20}$ b i 35% ii 0.35 iii $\frac{7}{20}$
4. 22 p
5. 1.1
6. 500 g, 2 lb, 40 oz, 3 kg, $\frac{1}{2}$ stone
7. a i 45.552 ii 75.3348
   b i 0.57 ii 42.17 iii 0.76
8. $\frac{19}{24}$ yd
9. 16 m
10. 2035 mm

Revision Exercise 2.4 (p. 171)

1. 121
2. a 2900 b 32 120 c 7
3. 1 kg bag of oranges
4. Joanne, by about 1.5 cm.
5. a 40% b 0.4 c $\frac{2}{5}$
6. 5.599
7. 1.7 mm
8. a $1\frac{1}{6}$ b $\frac{23}{30}$
9. a 55 in b 22 ft
10. 15 cm

Revision Exercise 2.5 (p. 172)

1. a 16 days b 40 sheets
2. a i 11 r 22 ii 41 r 20
   b i $4\frac{5}{6}$ ii $2\frac{5}{8}$ iii 3
3. 3.73
4. 6 cm square
5. 8 ft 2.5 in (rounded up to 1 d.p.)
6. 1.25 in
7. a 10 inches b 3 tons
8. a 7350 mg b 436 kg
9. 14 in
10. a 25 b £380 c 107 notes d £1745

Chapter 10
Introducing Geometry

Exercise 10A (p. 175)

1. $\frac{3}{4}$
2. $\frac{1}{2}$
3. $\frac{1}{4}$
4. $\frac{1}{2}$
5. $\frac{1}{4}$
6. $\frac{1}{2}$
7. $\frac{1}{2}$
8. $\frac{1}{2}$
9. 1
10. $\frac{1}{4}$
11. $\frac{1}{3}$
12. $\frac{1}{3}$
13. $\frac{3}{4}$
14. $\frac{3}{4}$
15. 6
16. 9
17. 9
18. 3
19. 6
20. 6
21. 4
22. 8
23. 9

Exercise 10B (p. 176)
1. North 3. North 5. North 7. $\frac{1}{2}$
2. West 4. East; no 6. $\frac{3}{4}$

Exercise 10C (p. 177)
1. 1 4. 1 7. 3 10. 1 13. 4
2. 2 5. 4 8. 4 11. 1
3. 3 6. 2 9. 2 12. 3

Exercise 10D (p. 178)
1. Obtuse 6. Reflex 11. Reflex
2. Acute 7. Acute 12. Obtuse
3. Reflex 8. Acute 13. Obtuse
4. Acute 9. Obtuse 14. Obtuse
5. Obtuse 10. Acute 15. Acute

Exercise 10E (p. 179)
1. 180° 8. 270° 15. 180° 22. 120° 29. 330°
2. 90° 9. 90° 16. 30° 23. 30° 30. 150°
3. 270° 10. 120° 17. 45° 24. 60° 31. 210°
4. 180° 11. 270° 18. 120° 25. 120° 32. 300°
5. 90° 12. 270° 19. 60° 26. 210° 33. 210°
6. 270° 13. 180° 20. 45° 27. 180° 34. 150°
7. 180° 14. 90° 21. 30° 28. 300° 35. 210°

Exercise 10F (p. 182)
(Protractors vary by up to ±1°)

1. 33° 6. 116° 11. 325° 16. 329° 21. 145°
2. 60° 7. 77° 12. 332° 17. 239°
3. 20° 8. 10° 13. 250° 18. 345°
4. 137° 9. 80° 14. 218° 19. 282°
5. 35° 10. 149° 15. 345° 20. 213°

Exercise 10G (p. 185)
1. 30° 8. 2 15. 2 22. 12 41. 45°
2. 60° 9. 4 16. 6 35. 60° 42. 8°
3. 90° 10. 12 17. 3 36. 135° 43. 30°
4. 120° 11. 5 18. 7 37. 350° 44. 80°
5. 150° 12. 9 19. 6 38. 270° 45. 160°
6. 180° 13. 1 20. 8 39. 25° 46. 105°
7. 3 14. 10 21. 1 40. 300°

Exercise 10I (p. 187)
1. Both are 134° 5. 35° 8. 140°
2. Both are 65° 6. 65° 9. 160°
4. 150° 7. 20°

Exercise 10J (p. 189)
1. 180° 2. 180° 4. Any acceptable definition.

Exercise 10K (p. 190)
1. 120° 4. 100° 7. 155° 10. 140°
2. 10° 5. 20° 8. 15° 11. 90°
3. 80° 6. 130° 9. 135° 12. 50°

13. e and f
14. k and m; d and j
15. e and f; e and g; d and f; d and g
16. f and g
17. d and e; d and g; e and f; f and g
18. d and n; d and p; m and n; m and p
19. $d = 50°$; $e = 130°$; $f = 130°$
20. $d = 60°$; $e = 120°$; $f = 120°$
21. $p = 180°$; $q = 60°$
22. $d = 45°$; $e = 135°$; $f = 135°$
23. $p = 180°$; $q = 155°$
24. $r = 80°$; $s = 110°$; $t = 110°$

Exercise 10L (p. 193)
1. 110° 5. 180° 9. 310° 13. 310°
2. 60° 6. 150° 10. 60°
3. 110° 7. 100° 11. Both 120°
4. 80° 8. 120° 12. Both 120°
14. $f = 120°$; $g = 60°$
15. $e = 150°$; $f = 60°$
16. $r = 50°$
17. $e = 40°$
18. $p = 120°$; $q = 60°$; $r = 120°$; $s = 60°$

Exercise 10M (p. 195)
1. 240° 3. 25° 4. 145° 5. 140° 6. 140°

Chapter 11
Symmetry

Exercise 11A (p. 198)
1, 2, 5 and 6 have axes of symmetry

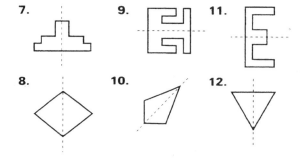

Exercise 11B (p. 200)
1. 2 2. 1 3. 1 4. 2 5. None 6. 2

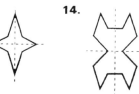

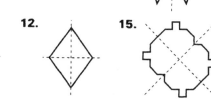

Exercise 11C (p. 202)

1. 6   **2.** None   **3.** 6   **4.** 3   **5.** 4

6. **7.** **8.**

Exercise 11D (p. 204)

Shapes **2**, **3** and **5** have rotational symmetry.

8. Letters with vertical symmetry:
A, H, I, M, O, T, U, V, W, X, Y;
Letters with horizontal symmetry:
B, C, D, E, H, I, K, O, X
Letters with rotational symmetry:
H, I, N, O, S, X, Z

9. Nos. **1, 2, 3, 4, 7** and **8** have rotational symmetry.

Exercise 11E (p. 206)

1. Yes	**4.** Yes	**7.** No	**10.** No
2. No	**5.** Yes	**8.** Yes	**11.** Yes
3. Yes	**6.** Yes	**9.** Yes	

Exercise 11F (p. 207)

1. **2.** **3.**

4. a **b** **c**

Exercise 11G (p. 209)

1. Yes   **3.** Yes   **5.** Yes
2. No   **4.** Yes   **6.** No

7. e.g. milk bottle

Chapter 12
Triangles and Quadrilaterals

Exercise 12B (p. 214)

1. PR; PQ   **2. a** XY   **b** XZ   **c** $\hat{X}$

Exercise 12C (p. 216)

1. 81°   **6.** 30°   **11.** 50°
2. 85°   **7.** 55°   **12.** 55°
3. 110°   **8.** 60°   **13.** 90°
4. 55°   **9.** 75°   **14.** 120°
5. 40°   **10.** 25°   **15.** 65°

16. $d = 60°$; $f = 50°$ **21.** $x = 60°$
17. $s = 45°$; $t = 65°$ **22.** $s = 85°$; $t = 30°$
18. $x = 70°$ **23.** $h = 60°$; $j = 30°$
19. $p = 65°$; $q = 115°$ **24.** $p = 90°$; $q = 45°$
20. $q = 45°$

25. $p = 35°$; $q = 95°$; $r = 60°$; $s = 60°$

Exercise 12D (p. 220)

1. $\hat{C} = 110°$ **3.** $\hat{D} = 70°$ **5.** $\hat{U} = 70°$ **7.** $\hat{L} = 90°$
2. $\hat{P} = 60°$ **4.** $\hat{X} = 40°$ **6.** $\hat{H} = 55°$

Exercise 12E (p. 221)

Some of the remaining measurements are given here, and in Exercises 12F and 12G to help check drawings.

1. AC = 42 mm, 56°, 84°   **5.** JK = 3.8 cm, 52°, 83°
2. DF = 8.5 cm, 97°, 33°   **6.** AB = 4.8 cm, 79°, 53°
3. XY = 65 mm, 70°, 40°   **7.** XZ = 4.3 cm, 53°, 62°
4. PR = 4.6 cm, 97°, 48°

Exercise 12F (p. 223)

1. 34°, 106°   **3.** 35°, 80°   **5.** 40°, 84°   **7.** 37°, 90°
2. 34°, 98°   **4.** 37°, 90°   **6.** 45°, 83°

Exercise 12G (p. 223)

1. 3.6 cm, 5.4 cm   **4.** 7.8 cm, 50°   **7.** Equilateral
2. 34°, 101°   **5.** 119°, 26°
3. 4.6 cm, 49°   **6.** 13.4 cm, 17.8 cm

8. Two possible triangles:
$\hat{C} = 56°$, AC = 6 cm; $\hat{C} = 124°$, AC = 2.6 cm
9. $\hat{R} = 71°$, PR = 4.8 cm; $\hat{R} = 109°$, PR = 1.2 cm
10. 35°, 2.6 cm; no.

Exercise 12H (p. 225)

1. 50°   **4.** 50°   **7.** 90°   **10.** 90°
2. 80°   **5.** 60°   **8.** 60°
3. 130°   **6.** 40°   **9.** 120°

11. a 110°   **b** 65°   **14.** $e = 115°$
12. $d = 60°$; $e = 120°$ **15.** $e = 130°$
13. $d = 80°$; $e = 70°$

Exercise 12I (p. 227)

11. 70°   **14.** 40°   **17.** 45°   **20.** 20°
12. 70°   **15.** 90°   **18.** 70°   **21.** 75°
13. 65°   **16.** 110°   **19.** 60°   **22.** 86°

27. $d = 55°$; $e = 70°$ **30.** $d = 50°$; $e = 80°$
28. $d = 45°$; $e = 135°$ **31.** $d = 40°$; $e = 140°$
29. $d = 80°$; $e = 80°$ **32.** $d = 20°$; $e = 70°$

33. $d = 110°$; $e = 70°$; $f = 70°$; $g = 40°$

Exercise 12J (p. 231)

1. 65°   **2.** 70°   **3.** 80°   **4.** 3.9 cm   **5.** 90°

Puzzles (p. 233)

1. e.g. 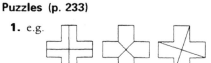   **2.**

Chapter 13
Probability

Exercise 13B (p. 236)

1. Head and tail   **2.** Red, blue and yellow
3. 1, 2, 3, 4, 5, 6, 7, 8, 9 and 10
4. Red, yellow, blue, brown, black, green
5. A packet of chewing gum, a packet of boiled sweets and a bar of chocolate.
6. 1 p, 10 p, 20 p and 50 p
7. Ace, King, Queen, Jack, 10, 9, 8, 7, 6, 5, 4, 3 and 2 of clubs
8. A, E, I, O, U   **9.** 2, 3, 5, 7 and 11
10. 2, 4, 6, 8, 10, 12, 14, 16, 18 and 20

Exercise 13C (p. 238)
1. $\frac{1}{4}$ 3. $\frac{1}{5}$ 5. $\frac{1}{7}$ 7. $\frac{1}{52}$ 9. $\frac{1}{15}$
2. $\frac{1}{10}$ 4. $\frac{1}{6}$ 6. $\frac{1}{200}$ 8. $\frac{1}{7}$

Exercise 13D (p. 239)
1. 5 2. 3 3. 26 4. 2 5. $\frac{1}{5}$
6. a $\frac{1}{2}$ b $\frac{1}{2}$ c $\frac{2}{5}$ d $\frac{3}{10}$
7. a $\frac{1}{13}$ b $\frac{1}{2}$ c $\frac{1}{4}$ d $\frac{4}{13}$
8. a $\frac{3}{7}$ b $\frac{2}{7}$ c $\frac{2}{7}$ d 0
9. a $\frac{1}{2}$ b $\frac{1}{3}$ c $\frac{1}{3}$
10. $\frac{2}{15}$
11. a $\frac{3}{5}$ b $\frac{1}{5}$ c $\frac{2}{5}$
12. $\frac{1}{40}$
13. a $\frac{17}{36}$ b $\frac{1}{2}$ c $\frac{1}{4}$
14. $\frac{21}{26}$ 15. $\frac{4}{45}$
16. a $\frac{5}{16}$ b $\frac{1}{4}$ c $\frac{13}{16}$

SUMMARY 3
Revision Exercise 3.1 (p. 247)
1. a $150°$ b $180°$ c $90°$ 2. South
3. a False b False c True d True
4. a $50°$ b $120°$ c $280°$
5. a $d = 134°$ b $e = 136°$; $f = 73°$
6. a $p = 59°$ b $r = 120°$; $s = 49°$; $t = 60°$
7.
8. a b
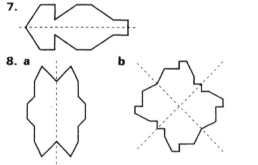
9. a and d
10. a b c

Revision Exercise 3.2 (p. 250)
1. a $24°$ b $56°$ 4. $55°, 75°, 50°$
2. $d = 58°$; $e = 54°$ 5. $d = 117°$
3. 6.1 cm, 6.8 cm, $60°$ 6. a 6 b 10
7. a $\frac{1}{5}$ b $\frac{1}{2}$ c $\frac{1}{2}$
8. $\frac{1}{3}$
9. a $\frac{1}{52}$ b $\frac{1}{52}$ c $\frac{1}{2}$ d $\frac{1}{4}$
10. Drawing a heart.

Revision Exercise 3.3 (p. 251)
1. a $e = 27°$ b $f = 133°$; $g = 180°$ c $h = 37°$
2. a $d = 62°$ b $e = 120°$
3. a $g = 46°$; $h = 46°$; $i = 134°$ b $d = 70°$
4. a Yes b No c Yes 7. 43 mm, $53°, 77°$
5. a Yes b Yes 8. $45°$, 12.0 mm, 12.8 mm
6. $p = 84°$; $q = 43°$ 9. a 0 b 1
10. $\frac{3}{8}$

Revision Exercise 3.4 (p. 253)
1. a i $1\frac{5}{12}$ ii $6\frac{1}{8}$ b i 0.44 ii $\frac{11}{25}$ c 46 p
2. a 74 b 129 r 11 c i 4.42 (4.417) ii 6.80 (4)
3. £2.18
4. a 450 cm b 4.5 m
5. a i 208 250 mm ii 208.25 m iii 208 m
   b 240 cars
6. a 1.2 cm b 1.2 mm
7. a 81 cm b 319 mm
8. Shapes B, C and D
9. $d = 54°$; $e = 27°$ 10. a $\frac{1}{6}$ b $\frac{2}{3}$ c $\frac{1}{3}$

Revision Exercise 3.5 (p. 255)
1. 200 miles 2. 14
3. a

Marks	Frequency
3	1
4	3
5	4
6	2
7	6
8	7
9	3
10	1
Total	27

b 27

c
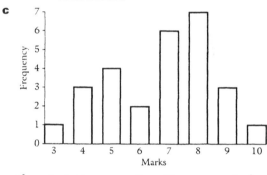

4. a $1\frac{2}{3}$ b 2.66 5. a 25 grams b $\frac{1}{10}$
6. a 10 ft 4 in b 16 yd 2 ft c 102 ft
7. a $i = 74°$; $j = 74°$; $k = 32°$; $l = 148°$
   b $e = 40°$; $f = 140°$
8. Shapes b and c 10. a $\frac{1}{6}$ b $\frac{1}{3}$ c $\frac{1}{2}$

Chapter 14
Area

Exercise 14B (p. 260)
1. a About 28 cm² b About 20 cm² c About 22 cm²
2. a A b B
3. The irregular edges of the leaves do not fit the squares on the grid.
4. Probably underestimates – more small areas not included than extra areas included.
5. Square centimetres 8. Square kilometres
6. Square millimetres 9. About 49 cm²
7. Square metres 10. About 50 cm²
11. About 53 cm² 13. About 39 cm² 15. About 27 cm²
12. About 40 cm² 14. About 76 cm² 16. About 64 cm²
17. 1 square mile is larger because a mile is larger than a kilometre.
18. a About 65 grid squares b About 158 square miles
19. a About 40 squares c About 10 cm²
    b 4 d About 9 cm²

Exercise 14C (p. 263)

1. $4\,cm^2$	**6.** $0.25\,m^2$	**11.** $1470\,km^2$
2. $64\,cm^2$	**7.** $30\,cm^2$	**12.** $2.85\,m^2$
3. $25\,cm^2$	**8.** $48\,cm^2$	**13.** $360\,cm^2$
4. $2.25\,cm^2$	**9.** $27\,m^2$	
5. $0.49\,m^2$	**10.** $3.96\,mm^2$	

14. a $8250\,m^2$ **b** $7000\,m^2$ **c** $312\,m^2$
15. a $0.5\,m$ **c** Yes: the wall has an area of $4.56\,m^2$
b $5\,m^2$ (Assuming no pattern matching is needed.)

Exercise 14D (p. 264)

1. $120\,cm^2$	**5.** $52\,m^2$	**9.** $43\,m^2$
2. $149\,m^2$	**6.** $544\,mm^2$	**10.** $228\,cm^2$
3. $36\,m^2$	**7.** $87\,cm^2$	
4. $208\,mm^2$	**8.** $90\,cm^2$	

11. $4.32\,cm^2$ (×2), $7.2\,cm^2$ (×3), $5.76\,cm^2$ (×2), $8.64\,cm^2$
Total area of puzzle: $50.4\,cm^2$

Exercise 14E (p. 267)

1. $10\,cm$ **2.** $17.2\,m$ **3.** $17\,mm$ **4.** $5.8\,cm$
5. Breadth, $2\,cm$; Area $8\,cm^2$
6. Breadth, $2\,cm$; Area, $10\,cm^2$
7. Length, $5\,m$; Area, $15\,m^2$
8. Length, $9\,mm$. Area, $54\,mm^2$
9. Breadth, $5\,cm$; Perimeter, $22\,cm$
10. Breadth, $10\,m$; Perimeter, $44\,m$
11. Length, $9\,km$; Perimeter, $26\,km$
12. Length, $9\,mm$; Perimeter, $32\,mm$
13. Length, $25\,cm$; Area, $125\,cm^2$
14. Breadth, $21\,cm$; Perimeter, $202\,cm$
15. a $24\,cm$ **b** $28\,cm^2$
16. a $32\,m$ **b** $15\,m^2$
17. a $272\,cm$ **b** $1664\,cm^2$
18. a $24\,cm$ **b** $24\,cm^2$
19. a $48\,mm$ **b** $80\,mm^2$

20. $184\,cm^2$	**24.** $4.84\,m^2$	**28.** 6
21. $198\,cm^2$	**25.** 4	**29.** 45
22. $91\,cm^2$	**26.** 9	**30.** 500
23. $432\,cm^2$	**27.** 6	**31.** 100

Exercise 14F (p. 271)

1. a $30\,000\,cm^2$ **c** $75\,000\,cm^2$ **e** $5000\,cm^2$
b $120\,000\,cm^2$ **d** $820\,000\,cm^2$
2. a $1400\,mm^2$ **c** $750\,mm^2$ **e** $320\,mm^2$
b $300\,mm^2$ **d** $2600\,mm^2$
3. $560\,cm^2$
4. a $4\,cm^2$ **c** $0.5\,cm^2$ **e** $7.34\,cm^2$
b $25\,cm^2$ **d** $0.25\,cm^2$ **f** $12.2\,cm^2$
5. a $0.55\,m^2$ **c** $0.076\,m^2$ **e** $2.97\,m^2$
b $14\,m^2$ **d** $1.86\,m^2$ **f** $19.2\,m^2$
6. a $7.5\,km^2$ **c** $0.05\,km^2$ **e** $0.000\,176\,km^2$
b $0.43\,km^2$ **d** $0.245\,km^2$ **f** $0.75\,km^2$
7. 1 square mile $\simeq 2.56\,km^2$ or 25 square miles $\simeq 64\,km^2$

8. $50\,000\,cm^2$	**13.** $15\,000\,cm^2$	**18.** 1200 tiles
9. $1800\,mm^2$	**14.** $60\,mm^2$	**19.** $12\,m^2$; £9
10. $175\,000\,cm^2$	**15.** $20\,000\,m^2$	**20.** 100
11. $14\,000\,cm^2$	**16.** $0.9\,m^2$	**21.** 216
12. $8\,m^2$	**17.** $5\,m^2$	

22. 400; the width of the bricks (matters if they overlap at the corners).
23. 18 boxes **24.** $18\,m^2$ **25.** $128\,mm$

Chapter 15
Parallel Lines

Exercise 15B (p. 277)

1. g	**3.** d	**5.** f	**7.** d	**9.** e
2. e	**4.** e	**6.** f	**8.** g	**10.** d

Exercise 15D (p. 281)

1. 60°	**5.** 60°	**9.** 45°
2. 80°	**6.** 75°	**10.** 120°
3. 110°	**7.** 110°	**11.** 130°
4. 60°	**8.** 30°	**12.** 130°

Exercise 15E (p. 283)

1. $w = 130°$; $x = 130°$; $y = 50°$
2. $p = 50°$; $q = 50°$
3. $d = 60°$; $e = 60°$; $f = 60°$; $g = 120°$; $h = 60°$
4. $d = 50°$; $e = 80°$; $f = 50°$
5. $p = 70°$; $q = 80°$; $r = 30°$
6. $p = 115°$; $q = 115°$
7. $d = 140°$; $e = 40°$; $f = 40°$
8. $l = 70°$; $m = 110°$; $n = 70°$; $p = 70°$
9. $d = 50°$; $e = 45°$; $f = 50°$
10. $x = 55°$; $y = 125°$; $z = 55°$
11. $k = 110°$; $l = 70°$; $m = 130°$; $n = 130°$
12. $d = 90°$; $e = 90°$; $f = 50°$
13. $d = 40°$; $e = 100°$
14. $d = 80°$; $e = 70°$
15. $p = 120°$

16. $d = 40°$	**19.** 45°	**22.** 60°
17. 70°	**20.** 55°	**23.** 120°
18. 135°	**21.** 55°	**24.** 120°

Exercise 15F (p. 287)

1. e	**3.** d	**5.** d	**7.** g	**9.** d
2. e	**4.** d	**6.** g	**8.** e	**10.** g

Exercise 15G (p. 288)

1. $p = 50°$; $q = 130°$
2. $s = 130°$; $t = 50°$
3. $d = 50°$; $e = 70°$
4. $r = 260°$; $s = 40°$; $t = 60°$
5. $w = 70°$; $x = 70°$; $y = 70°$
6. $u = 45°$; $v = 90°$
7. $p = 55°$; $q = 65°$
8. $x = 60°$ **10.** $d = 30°$ **12.** $v = 45°$
9. $d = 100°$ **11.** $x = 90°$

Exercise 15H (p. 289)

1. e and g	**3.** d and e	**5.** f and h
2. d and e	**4.** d and g	**6.** d and g

7. $p = 70°$; $q = 110°$; $p + q = 180°$
8. $p = 130°$; $q = 50°$; $p + q = 180°$
9. $p = 140°$; $q = 40°$; $p + q = 180°$
10. $p = 120°$; $q = 60°$; $p + q = 180°$

Exercise 15I (p. 291)

1. $d = 120°$
2. $d = 130°$; $e = 50°$
3. $d = 85°$
4. $d = 40°$; $e = 100°$; $f = 60°$
5. $d = 55°$; $e = 125°$
6. $d = 40°$
7. $d = 80°$; $e = 80°$
8. $d = 130°$; $e = 130°$; $f = 50°$
9. $d = 80°$; $e = 100°$; $f = 80°$; $g = 100°$
10. $d = 70°$; $e = 110°$

Exercise 15J (p. 293)

1. 65°
2. 140°
3. 55°
4. 75°
5. 70°
6. 70°
7. 45°
8. 110°
9. Both angles are the same (nearly 56°); DE is parallel to BC.

Exercise 15K (p. 294)

1. 80°
2. 60°
3. 110°
4. 40°
5. 25°
6. 50°
7. 40°
8. 40°

Chapter 16
Coordinates

Exercise 16B (p. 299)

1. A, (2, 2); B, (5, 2); C, (7, 6); D, (4, 5); E (7, 0); F, (9, 4); G, (0, 8); H, (5, 8)
2. **a** Lookout **c** Duck Point **e** Mount Teton
   b Pelican Creek **d** Chase Castle **f** Rapids
3. **a** (9, 2) **c** (16, 9) **e** (17, 5) **g** (13, 5)
   b (19, 4) **d** (5, 13) **f** (12, 8) **h** (7, 9)
4. **a** Chase Farm **c** Hotel
   b Cat Cottage **d** Great House
5. **a** (25, 37); 250 370
   b (29, 33); 290 330
   c (27, 39); 270 390
6. **a** 271 340 **c** 258 383
   b 270 380 **d** 258 327
7.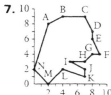
8.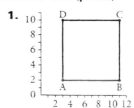
9. 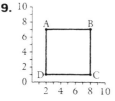 ; Square
10. 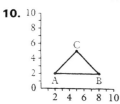 ; Isosceles triangle
11. 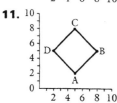 ; Square

13. 5
14. 7
15. 0
16. 1
17. 14
18. 0
19. 5
20. 4
21. 1
22. 6
23. 5
24. 0
25. D, (2, 5)
26. D, (7, 1)
27. D, (4, 1)
28. X, (9, 12); Y, (9, 9); Z, (13, 6)
29. P, (3, 11); Q, (3, 7); R, (7, 7); 4
30. A, (1, 1); B, (6, 1); C, (8, 4); D, (3, 4); AB and DC are both 5 units long
31. L, (13, 3); diameter, 4 units
32. C, (5, 4)
33. R, (3, 7)
34. Midpoint, (2, 3)

Exercise 16C (p. 305)

1.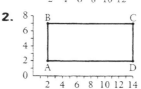
   a 8 units
   b DC; Yes
   c 90°

2. **a** AB = DC; AD = BC
   b AB is parallel to DC; AD is parallel to BC
   c 90°

3. **a** All sides are equal
   b AB is parallel to DC; AD is parallel to BC
   c $\widehat{A} = \widehat{C} = 53°$; $\widehat{B} = \widehat{D} = 127°$

4. **a** AB = DC; AD = BC
   b AB is parallel to DC; AD is parallel to BC
   c $\widehat{A} = \widehat{C} = 59°$; $\widehat{B} = \widehat{D} = 121°$

5. **a** No sides are equal
   b AB is parallel to DC
   c No angles are equal

Exercise 16D (p. 307)

1. Parallelogram
2. Rectangle
3. Trapezium
4. Square
5. Trapezium
6. Rhombus
7. Square
8. Rectangle
9. Parallelogram
10. Rhombus

Exercise 16E (p. 308)

1. A, 2; B, 3; C, 6; D, 1; E, −5; F, −3; G, 5; H, −3; I, −5; J, 5; O, 0
2. A, 2; B, −2; C, 5; D, −4; E, 2; H, 5; I, −5; J, 0
3. 5 below
4. 3 above
5. 10 above
6. On the x-axis
7. 3 to the right
8. 5 to the left
9. 7 to the left
10. On the y-axis

11. A, (−2, 3); B, (3, 1); C, (2, −2); D, (−3, 1);
    E, (1, −4); F, (−2, −2); G, (−4, −4); H, (1, 2);
    I, (4, −4); J, (−4, 3)

12.

13. ; Square

14. ; Isosceles triangle

15. ; Trapezium

16. ; Isosceles triangle

Exercise 16F (p. 310)

1. 6 cm	8. D, (1, −2)	15. C, (4, 1½)
2. 8 cm	9. D, (0, −1)	16. C, (−1, 3)
3. 10 cm	10. D, (−1, 3)	17. C, (−1, 0)
4. 7 cm	11. D, (1, 0)	18. (5, 7)
5. 5 cm	12. C, (4, 2)	19. (10.5, 4)
6. 7 cm	13. C, (2, −1)	20. (1.5, 4)
7. D, (−1, 1)	14. C, (−5, −2)	21. (−2, 2)

Exercise 16G (p. 311)

1. **a** 4 **b** 2 **c** (8, 3)
2. D, (10, 9)
3. **a** (6, 5½) **b** (6, 5½) **c** The same point.
4. **a** −3 **b** −4 **c** (−5, −4)
5. **a** (3, 4) **b** Trapezium
6. C, (1, −4)

Chapter 17
Formulas

Exercise 17A (p. 314)

1. The number of pins is equal to the number of posters multiplied by 4.
2. The amount of hardcore is equal to the amount carried by one lorry multiplied by the number of lorries.
3. The number of legs is equal to four times the number of chairs.
4. **a** Twice the number of matches.
   b The number of matches multiplied by six.
   c The number of matches multiplied by four.
   d Double the number of matches.

Exercise 17B (p. 315)

1. Bottom number = top number + 5
2. Bottom number = top number × 2
3. Bottom number = top number − 3
4. Bottom number = top number ÷ 2
5. Bottom number = top number × 2 + 2
6. Bottom number = top number × top number, or (top number)^2
7. **a** Profit = income − costs **b** £800 000
8. **a** Perimeter = 2 × length + 2 × breadth **b** 38 m
9. Capacity of engine = capacity of one cylinder × number of cylinders; 1992 cubic centimetres
10. **a** Number of cans = number of packs × 4 **c** 15
    b 92 cans
11. **a** Number of stamps = number of books × 10
    b Cost (£) of stamps = number of books × 10 × 25
    c Cost (£) of stamps = number of books × 2.5
    d Number of books = number of £5 notes × 2
    e Number of stamps = number of £5 notes × 20
12. Time in the UK = Time in mainland Europe − 1 hour; Distance = 2 × longer side + 2 × shorter side; Number of boxes of mints = number of dinner guests × 2 ÷ number of mints in one box.

Exercise 17C (p. 318)

1. **a** $P = 4a$ **b** $Q = 3p$ **c** $w = \frac{3m}{4}$ **d** $M = \frac{2y}{3}$
2. **a** $X = 5 \times y$ **c** $P = 4 \times q \div 7$
   b $A = v \div 5$ **d** $H = 2 \times x \div 3$
3. $s = \frac{w}{14}$ 5. $k = 1.61m$ 7. $N = n + 10$
4. $P = 4x$ 6. $n = 48t$
8. **a** $T = x + 5$ **b** 7
   c Tim, 17; Linda, 12
   d Yes: Tim will always be 5 years older than Linda.
9. **a** $y = x − 13$ **b i** $y = −9$ **ii** 3
10. $N = m − 28$ **a** 10 **b** 32
11. £C is the cost and the weight is w kg: $C = 2w + 2.5$
12. **a** $H = 3x$ **b** $H = 36$ **c** No; new formula: $H = 2x$
13. C pence is the cost and n is the number of packets; $C = 35n$

Exercise 17D (p. 320)

1. $P = i − c$ (£P = profit; £i = income; £c = costs)
2. $P = 2l + 2b$ (P units = perimeter; l units = length; b units = breadth)
3. $D = nc$ (D cm^3 = displacement; n = number of cylinders; c cm^3 = capacity of one cylinder)
4. $I = bc$ (T = total number of cans delivered; b = number of boxes; c = number of cans in one box)

Exercise 17E (p. 320)

1. | a | 8 | 9 | 10 | 11 | 12 | 13 |
2. | P | 6 | 18 | 36 | 48 | 60 | 72 |
3. | M | 2 | 4 | 6 | 9 | 13 |
4. | c | 9 | 8 | 7 | 6 | 5 | 4 |
5. | b | 4.5 | 7.5 | 8.1 | 8.3 | 8.8 |
6. | P | 9.5 | 7.5 | 6 | 5.3 | 3.6 |

7.
| y | 7 | 14 | 17.5 | 19.6 | 25.2 |

8.
| p | 36 | 18 | 12 | 9 | 7.2 | 4.5 |

9. a 40 minutes **b** 60 minutes **c** 45 minutes
10. a 5 **b** 12 500 **c** 500

Exercise 17F (p. 322)

1. 18 **4.** 14 **7.** 37
2. 28 **5.** 24 **8.** 17
3. 4 **6.** 25 **9.** 49

10.
| C | 7 | 16 | 31 | 40 |

11.
| q | 6 | 21 | 31 | 51 | 71 |

12. a 110 **b** Spares needed.

Exercise 17G (p. 324)

1. 15 **3.** 28 **5.** 72 cm²
2. 48 **4.** 11.88 **6.** 300 mm²
7. a 19.8 **b** 16.8 **9. a** 83 **b** 38
8. a 10 **b** 11.7 **10. a** 12 **b** 4 **c** 3
11. a The books cost £3 each to print. **c** £11 250
 b £5300

Exercise 17H (p. 326)

1. 10° **9.** 4° above zero **17.** 2°
2. −7° **10.** 10° below zero **18.** −2°
3. −3° **11.** 8° above zero **19.** 1°
4. 5° **12.** Freezing point **20.** 3°
5. −8° **13.** +10° **21.** −7°
6. 0° **14.** 12° **22.** −2°
7. 2° below zero **15.** 4°
8. 3° above zero **16.** −3°
23. A, 75 m above; B, 50 m above; C, 75 m above;
 D, 25 m above; E, Sea level; F, 50 m below;
 G, 25 m above; H, 25 m below
24. −5 seconds **30.** −£5 **36.** 21 °C
25. +5 seconds **31.** +5 paces **37.** +150 m
26. +50 p **32.** −5 paces **38.** −3 °C
27. −50 p **33.** +200 m **39.** +25 p
28. −1 minute **34.** −5 m **40.** +6 paces
29. +£50 **35.** −3 °C

Exercise 17I (p. 328)

1. 3 > 2 **9.** −3 > −9 **17.** 0, −3
2. 5 > 1 **10.** −7 < 3 **18.** 5, 8
3. −1 > −4 **11.** −1 < 0 **19.** −7, −11
4. −3 < −1 **12.** 1 > −1 **20.** 16, 32
5. 1 > −2 **13.** 10, 12 **21.** 21, 16
6. −4 < 1 **14.** −10, −12 **22.** −4, −2
7. 3 > −2 **15.** −2, −4 **23.** −8, −16
8. 5 > −10 **16.** 2, 4 **24.** −2, −3

Exercise 17J (p. 329)

1. −3 **7.** 1 **13.** −2 **19.** −3 **25.** 4
2. 3 **8.** 2 **14.** −1 **20.** −1 **26.** 3
3. −2 **9.** −12 **15.** −6 **21.** 6 **27.** −6
4. −2 **10.** −1 **16.** 6 **22.** 3 **28.** 0
5. 2 **11.** 5 **17.** 2 **23.** −9 **29.** −3
6. 7 **12.** −2 **18.** −3 **24.** −5 **30.** −5

Exercise 17K (p. 332)

1. 2 **14.** 6 **27.** 13 **41.** 0 **54.** −12
2. −3 **15.** −6 **28.** 13 **42.** 0 **55.** 3
3. 7 **16.** 1 **29.** −6 **43.** −1 **56.** 18
4. 3 **17.** −5 **30.** 8 **44.** 0 **57.** −2
5. −9 **18.** 9 **31.** 1 **45.** 9 **58.** 1
6. 3 **19.** 8 **32.** −1 **46.** −7 **59.** 2
7. −2 **20.** −12 **33.** 0 **47.** −10 **60.** −15
8. 6 **21.** 7 **34.** 2 **48.** −3 **61.** −9
9. −14 **22.** 7 **35.** 16 **49.** −4 **62.** −6
10. 10 **23.** −3 **36.** 5 **50.** 3 **63.** −8
11. −14 **24.** 2 **37.** 11 **51.** −2
12. 0 **25.** −4 **39.** 2 **52.** 1
13. 0 **26.** 5 **40.** 3 **53.** 2
64. Jean won with 54 points; Alf was second (46), Tanita was third (19) and Colin was last (14).
65. a 5 + p miles **b i** p − 5 miles **ii** 5 − p miles

Exercise 17L (p. 335)

1. −15 **5.** −20 **9.** −2 **13.** −13
2. −48 **6.** −24 **10.** −2 **14.** −6
3. −32 **7.** −36 **11.** −4 **15.** −6
4. −27 **8.** −24 **12.** −3 **16.** −3

Exercise 17M (p. 336)

1. −15 °C **3.** 0 °C **5.** −25 °C **7.** −12 °C
2. −5 °C **4.** −20 °C **6.** −4 °C **8.** −24.7 °C
9. a −5 **b** −12.5
10. a 2 **b** −2 **c** −7 **d** 0
11. a −1 **b** 9
12. a 13 **b** −5 **c** −10 **d** −12
13. a 25 **b** −20 **c** −6 **d** 20
14. a −33 **b** 22 **c** −43 **d** 0.5
15. a 9.1 **b** −8.45

Exercise 17N (p. 337)

1. a N = 48n **b** 576 **3.** −5°
2. a 14 **b** 20.9
4. a −3 < 2 **b** −2 > −4
5. a 2 **b** −5 **c** −2
6. a 4 **b** 0 **c** 5
7. a 2 **b** 5

Exercise 17P (p. 338)

1. a N = 6n **b** 36 **3.** −3°
2. a 16 **b** 2.7
4. a 3 > −4 **b** −7 > −10
5. a −6 **b** −2 **c** 5
6. a 1 **b** 0 **c** 3
7. a −13 **b** 42

Chapter 18
Straight Line Graphs

Exercise 18A (p. 341)

1. a 38.8 °C; midday **b** 36.6 °C **c** 36.8 °C **d** 7 hours
 e Not for certain: her temperature was only taken once every hour and it may have risen higher than 38.8 °C in between the readings.
2. a i November **ii** May **c** Yes
 b Maybe for May to December. **d** e.g. Xmas cards

19

3. a 250 p

b
Time after privatisation (years)	1	2	3	4	5	6
Value of share (pence)	300	350	430	520	530	560

  c The fourth year **d** An upward trend

4. a About 620 p
  b The share price is unlikely to maintain a steady 30 p rise for two years in a row.
5. a No; half-monthly sales figures would be about half the monthly sales, but sales can fluctuate a lot from week to week.
  b The overall sales for July were down on June; if sales increased in the first half of July, they must have slumped badly during the second half to give this downward trend for the month as a whole.

Exercise 18B (p. 343)

1. a i 6 litres   **ii** 14 litres   **iii** 26 litres
  b i 18 pints   **ii** 42 pints   **iii** 23 pints
2. a i 104 °F   **ii** 60 °C   **c** 4 °C   **e** 37 °C
  b 77 °C   **d** 32 °F and 212 °F
3. b i 28 °F   **ii** −15 °C   **d** 14 °F
  c −19 °C   **e** −31 °F

Exercise 18C (p. 345)

1. a and **b**
	A	B	C	D	E	F
x	1	3	−3	−2	2	5
y	2	6	−6	−4	4	10

  c The y-coordinate is twice the x-coordinate.
  d G, 16; H, 20; I, −8; J, 6; K, 9; L, −5; M, 2a
2. a A, (2, 3); B, (4, 5); C, (6, 7); D, (−4, −3); E, (0, 1)
  b 9
  c Each y-coordinate is equal to the x-coordinate + 1
  d I, 13; J, 21; K, 31; L, −11; M, 8; N, $a+1$
3. a A, (3, −1); B, (5, −3); C, (6, −4); D, (8, −6);
     E, (−2, 4); F, (−4, 6); G, (1, 1)
  b H, −5; I, −8; J, −10; K, −18; L, 9; M, 11;
     N, −8; P, 10; Q, −10
  c y-coordinate = $2 - x$-coordinate.

SUMMARY 4
Revision Exercise 4.1 (p. 349)

1. About 80 cm²   **2. a** 163 cm²   **b** 126 cm²
3. A: Breadth, 3 cm; Area, 18 cm²;
    B: Length, 10 cm; Perimeter, 30 cm
4. a 560 mm²   **b** 5 km²   **6.** 2.44 cm²
5. a 13.5 m²   **b** £10.80   **7.** $d = 135°$
8. $e = 138°$; $f = 140°$; $g = 82°$
9. a sum   **b** equal   **c** 124°
10. a d and h **c** d and a or d and c
    b e and d **d** e and c

Revision Exercise 4.2 (p. 351)

1. a (1, 2)   **b** (11, 2)
2. Trapezium   **5.** −3 °C
3. E, (13, 8)   **6. a** 2   **b** −17
4. M, (6, 2); CM is parallel to ED   **7.** −1
8. A, (−6, 7); B, (−4, 5); C, (−1, 2); D, (3, −2);
   E, (6, −5); F, (7, −6)
9. G, 3; H, −4; I, −5; J, 2; K, 6
10. y-coordinate = $1 - x$-coordinate.

Revision Exercise 4.3 (p. 353)

1. a 0.44 m²   **b** 0.79 m²
2. a i 48 cm   **ii** 80 cm²   **b** The same.
3. −9
4. a $-4 < 6$ **b** $-7 < -3$ **c** $-5 > -9$
5. a −8 °C   **b** It fell by 3 °C.
6. a 104   **c** 32   **c** 14
7. Rhombus
8. a T, (4, 6)   **b** U, (4, −3); Trapezium
9. $d = 107°$; $e = 73°$; $f = 73°$
10. a A, (6, 2); B, (10, 4); C, (−2, −2); D, (−6, −4)
    b 1   **c** 0

Revision Exercise 4.4 (p. 354)

1. 1369
2. a 81   **b** 343   **c** 500
3. a 30   **b** 34.05   **c** 37
4. a $\frac{9}{10}$ **b** 300 cm is longer
5. a 535 cm   **b** 469 cm
6. a 240 books   **b** 216 books
7. 48°, 72°, 60°
8. A 5 lb bag
9. a $\frac{1}{6}$ **b** $\frac{1}{3}$ **c** $\frac{2}{3}$
10. a 10.5   **b** 13.2   **c** −6   **d** 7.5

Revision Exercise 4.5 (p. 355)

1. a 2587   **b** 4674
2. a 33   **b i** $4\frac{1}{26}$ **ii** $6\frac{5}{21}$ **c i** 0.65   **ii** 65%
3. a −0.66   **b** 0.43   **c** 0.00059   **d** 2.827
4. a 3.26   **b i** 48%   **ii** $\frac{12}{25}$ **c** 0.31
5. a $d = 115°$ **b** $e = 55°$; $f = 125°$
6. 693 mm, 73 cm, 0.75 m, 2.4 m, 610 cm
7. a 12.2 m   **b** 9 m²   **8.** D, (4, −5)
10. a 6   **b** 6   **c** −7

Chapter 19
Summarising and Comparing Data

Exercise 19B (p. 359)

1. 6   **3. a** £40   **b** £8   **c** £8
2. a 25 p   **b** 4 p   **4.** Mean, 10; range, 4 years
5. a Mean, 5; range, 7   **d** Mean, 1.3; range 0.3
  b Mean, 15; range, 14   **e** Mean, 17.28; range, 24.4
  c Mean, 33; range, 20
6. 12 buses
7. a It will increase the average mark.
  b 420 marks
  c 15.3 (1 decimal place)

Exercise 19C (p. 361)

1. a 2   **b** 2
2. a 2
  b 1.37 (2 d.p.)
  c It is easier to judge the size when decimals are used but fractions are exact.
3. a 19 times   **b** 1.58 (2 d.p.)
4. a 30   **b** £69   **c** 9   **d** £2.30   **e** 2.3

Exercise 19D (p. 362)
1. **a** Sandra **b** Karen (lower range)
2. Both have means of 20; Mrs Burton's cookies are more consistent.
3. **a** Class 7P: Mean, 6.28; range, 9 marks
    Class 7B: Mean, 5.81; range, 7 marks

Exercise 19E (p. 364)
1. 5 **4.** 16 **7.** 98 **10.** 2
2. 42 **5.** 3.2 **8.** 36 **11.** 2
3. 17 **6.** 12 **9.** 1.885 **12.** 1

Exercise 19F (p. 367)
1. 12 **3.** 1.8 **5.** 5.9
2. 9 **4.** 56 **6.** 26.4
7. 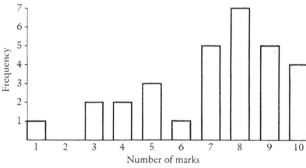 Modal score = 1 goal

8. Mode = 8

9. 155 cm

Exercise 19H (p. 369)
1. Mean, 77; median, 73, mode, 72
2. **a** 157 cm **b** 157 cm **c** 157 cm **d** 10 cm
3. **a** 0 **b** 0 **c** 1.5
4. The sentences are longer and more variable in length in *Oliver Twist*.
5. **a** 85 children **c** True
   b Mean, 5.27; median, 5; mode, 3 **d** True
   e False if Jane scored 5, true if Jane scored 4 or less.
6. **a** Class 7T: 1.2 (1 decimal place); Class 7R: 2.2
   b The mean is not very helpful, particularly for 7R.
   c The median for each class would give more useful information and the mode for Class 7T would also be important.

Chapter 20
Solids

Exercise 20B (p. 373)
1. **a** No **b** No
2. Measurements are required: it is not possible to tell from the diagram whether it is a cube or a cuboid.
3. No

Exercise 20C (p. 374)
1. All the lines are the correct length on isometric paper.
2. All the lines are the correct length on isometric paper.
3. **a** The measurements are all correct.
   b The measurements should all be correct on the drawing.
4. **a** All the lines are the same length (2 cm).
   c No
   d The cube begins to look flat because two corners lie on the same dot in the centre.
6. **a** 9
   b There might only be 8 cubes: the cube which is invisible in the drawing could be missing.
   c

Exercise 20D (p. 376)
2. **a i** 2 **ii** 2 **iii** 4 cm by 3 cm
3. **a** 6
4. **b** IJ **c** G and K
5. **a** HI **b** B and D
6.

7. **b** There are 36 arrangements altogether.
   c 11 will make a cube

Exercise 20E (p. 379)
1. **a** cm³ **c** mm³ **e** cm³ **g** m³ or cm³
   b m³ **d** m³ **f** mm³
2. 48 cm³ **11.** 50 000 cm³ **20.** 512 cm³
3. 1600 mm³ **12.** 18 750 mm³ **21.** $\frac{1}{8}$ m³
4. 31.72 m³ **13.** 1.62 m³ **22.** 39.304 m³
5. 10.5 cm³ **14.** 64 cm³ **23.** 8
6. 24 m³ **15.** 125 cm³ **24.** 6
7. 160 m³ **16.** 8 m³ **25.** 8
8. 12 cm³ **17.** $\frac{1}{8}$ cm³ **26.** 12
9. 7.2 cm³ **18.** 15.625 cm³
10. 4.32 m³ **19.** 27 km³
27. **a** 128 **b** 16 **c** 2
28. 60 m³ **31.** 125 **34.** 1.08 m³
29. 7776 cm³ **32.** 48 **35.** 420
30. 6480 m³ **33.** 60

Exercise 20F (p. 383)
1. 8000 mm³ **9.** 420 000 cm³
2. 14 000 mm³ **10.** 6300 cm³
3. 6200 mm³ **11.** 0.022 cm³
4. 430 mm³ **12.** 0.731 cm³
5. 9 200 000 mm³ **13.** 29.3 cm³
6. 0.4 mm³ **14.** 0.0025 cm³
7. 3 000 000 cm³ **15.** 1 cm³
8. 2 500 000 cm³

Exercise 20G (p. 384)
1. 2500 cm³ **5.** 35 000 cm³ **9.** 2.4 litres
2. 1760 cm³ **6.** 28 cm³ **10.** 5000 litres
3. 540 cm³ **7.** 7 litres **11.** 12 000 litres
4. 7.5 cm³ **8.** 4 litres **12.** 0.0046 litres

13. a 3 litres **b** 125 litres **c** 0.0375 litres
14. 6 litres **15.** 7.2 litres **16.** 6000 litres
17. 300 m^3; 300 000 litres
18. 0.9 litres **20.** 40 **22.** 250 cm^3
19. 60 litres **21.** 625

Exercise 20H (p. 387)
1. a 35 **b** 21 **c** 2.6
2. a 11 **b** 6.7 **c** 5.6
3. a 2.3 **b** 11.25 **c** 45
4. Bucket, petrol can, milk carton, bottle of lemonade, watering can, hairspray.
5. 8.4 gallons **6.** Yes **7.** 8.3 gallons **8.** £4 (£3.78)

Exercise 20I (p. 388)
1. a 3 200 000 cm^3 **b** 3 200 000 000 mm^3
2. 1600 cm^3 **4.** 50 000 cm^3 **6.** $2\frac{1}{2}$ pints
3. 64 cm^3 **5.** 13 500 mm^3 **7.** 376 cm^3

Exercise 20J (p. 388)
1. a 8000 mm^3 **b** 0.000 008 m^3
2. 3.5 litres **6.** The carton.
3. 300 cm^3 **7.** The plastic carton.
4. 0.512 cm^3 **8.** 30 cm^3
5. 120 000 cm^3

Puzzle (p. 389)
A and C

Chapter 21
Equations

Exercise 21B (p. 392)
1. $x - 3 = 4$; 7
2. $x + 1 = 3$; 2
3. $3 + x = 9$; 6
4. $x - 5 = 2$; 7
5. $x + 8 = 21$; 13
6. $x - 7 = 19$; 26
7. $2x = 8$; 4
8. $7x = 14$; 2
9. $3x = 15$; 5
10. $6x = 24$; 4
11. $4x = 24$; 6
12. $x \div 6 = 5$; 30
13. $x \div 3 = 7$; 21
14. $x \div 7 = 7$; 49
15. $x \div 8 = 32$; 256

Exercise 21C (p. 395)
1. $x = 8$ **6.** $x = 5$ **11.** $c = 3$
2. $x = 9$ **7.** $a = 6$ **12.** $c = 1$
3. $y = 2$ **8.** $a = 6$ **13.** 12
4. $c = 7$ **9.** $a = 5$ **14.** 60 p
5. $a = 4$ **10.** $a = 7$ **15.** $c + 8 = 21$; 13
16. $n + 193 = 364$; 171
17. $x = -2$ **24.** $a = 3$ **31.** $a = 12$
18. $x = -5$ **25.** $y = 8$ **32.** $x = 3$
19. $a = -1$ **26.** $x = 10$ **33.** $c = 2$
20. $s = -1$ **27.** $c = 9$ **34.** $y = 9$
21. $w = -2$ **28.** $x = 12$ **35.** 48 p
22. $c = -4$ **29.** $s = 5$ **36.** 950 g
23. $x = 10$ **30.** $x = 12$
37. $2s - 80 = 220$; £1.50 **38.** $-1\,°C$
39. $x = 55 - 80$; $x = -25$; she was £25 overdrawn
40. $x - 220 = 510$; 730 m

Exercise 21D (p. 398)
1. $x = 2$ **16.** $x = 12$ **31.** $x = 16$
2. $x = 9$ **17.** $y = 10$ **32.** $x = 6.5$
3. $a = 3$ **18.** $x = 11$ **33.** $x = \frac{3}{4}$
4. $x = 13$ **19.** $x = 7.5$ **34.** $c = 17$
5. $c = 3$ **20.** $x = 10$ **35.** $x = 10.5$
6. $s = 3$ **21.** $x = 5\frac{1}{2}$ **36.** $x = 2\frac{1}{4}$
7. $x = 7$ **22.** $x = 8.8$ **37.** $y = 23$
8. $x = -5$ **23.** $a = 11$ **38.** $z = 4$
9. $c = 0$ **24.** $x = 3\frac{1}{2}$ **39.** $d = 4$
10. $b = 1$ **25.** $x = 11.9$ **40.** $x = 7$
11. $c = 4$ **26.** $x = 9$ **41.** $x = 9$
12. $d = -3$ **27.** $x = 2\frac{1}{3}$ **42.** $c = -2$
13. $x = 4$ **28.** $x = 6$ **43.** $x = -7$
14. $x = 8$ **29.** $x = 8.6$ **44.** $x = 9$
15. $x = 11$ **30.** $x = 1\frac{1}{4}$ **45.** $z = 2$
46. $x + 1.75 = 2.64$; $x = 0.89$
47. $N - 5\frac{1}{4} = 5\frac{3}{4}$; $N = 11$

Exercise 21E (p. 400)
1. $x = 2$ **11.** $y = 2$ **21.** $y = \frac{3}{4}$
2. $x = 3$ **12.** $a = \frac{1}{2}$ **22.** $x = 1\frac{1}{5}$
3. $x = 2\frac{1}{2}$ **13.** $x = 6$ **23.** $z = 5$
4. $x = 3$ **14.** $x = 1$ **24.** $x = \frac{1}{7}$
5. $b = 4$ **15.** $x = \frac{1}{6}$ **25.** 12
6. $c = 2\frac{1}{4}$ **16.** $z = 2$ **26.** 60 p
7. $a = \frac{1}{3}$ **17.** $1\frac{4}{5}$ **27.** $4x = 3.4$; 0.85 m
8. $z = 3$ **18.** $y = 3\frac{1}{2}$ **28.** $7x = 3\frac{1}{2}$; $\frac{1}{2}$ lb
9. $p = 1\frac{2}{5}$ **19.** $x = 9$
10. $x = 20$ **20.** $x = 2$

Exercise 21F (p. 401)
1. $x = 4$ **8.** $x = 13$ **15.** $x = -5$
2. $x = 12$ **9.** $x = 16$ **16.** $a = 7$
3. $x = 2$ **10.** $c = 6$ **17.** $x = 1\frac{2}{3}$
4. $y = 1\frac{1}{5}$ **11.** $x = 5$ **18.** $z = 11$
5. $x = 3$ **12.** $x = 2$ **19.** 18.5 °C
6. $x = 16$ **13.** $y = \frac{2}{7}$ **20.** $x = 20$; 20 p
7. $x = 5\frac{1}{2}$ **14.** $x = 2\frac{2}{3}$ **21.** $5x = 35$; 7 years old

Exercise 21G (p. 402)
1. $x = 4$ **12.** $z = 5$ **23.** $x = 4$ **34.** $x = -3$
2. $x = 3$ **13.** $x = 2$ **24.** $x = 0.7$ **35.** $x = -6$
3. $x = 2$ **14.** $x = 3$ **25.** $a = -1$ **36.** $x = 1.8$
4. $x = 6$ **15.** $x = 3$ **26.** $x = 0$ **37.** 7
5. $a = 0$ **16.** $z = 0$ **27.** $x = 3\frac{1}{3}$ **38.** 5
6. $x = 6$ **17.** $x = 1\frac{4}{5}$ **28.** $x = 5$ **39.** 7
7. $x = 5$ **18.** $x = 2$ **29.** $x = 2\frac{3}{7}$ **40.** 9
8. $z = -1$ **19.** $x = 2$ **30.** $x = 1.2$ **41.** 7
9. $x = 2\frac{2}{3}$ **20.** $x = 1\frac{2}{3}$ **31.** $x = 3$ **42.** 7
10. $x = 7$ **21.** $z = \frac{1}{2}$ **32.** $x = 2\frac{1}{5}$ **43.** $x = 9$
11. $x = 3$ **22.** $x = -1$ **33.** $a = 6$ **44.** 11 cm
45. a $y + 27$
  b $2y + 27 = 45$; $y = 9$; Jen is 9, her mother is 36
46. $3x + 3 = 27$; $x = 8$; the lengths are 8 ft, 9 ft and 10 ft
47. $(n + 5) + (n + 2 + 5) = 20$ $(2n + 12 = 20)$
  Sonia is 4; Cynthia will be 11

Exercise 21H (p. 405)
1. $10x$ **3.** $2x$ **5.** $-2x$ **7.** 7 **9.** 1
2. $4x$ **4.** 2 **6.** $8y$ **8.** -23 **10.** 0

Exercise 21I (p. 406)

1. $7x + 7$
2. $5x + 5$
3. $4x - 5$
4. $5c - 2a$
5. $8x - 2y$
6. $8x + 8y$
7. $8x + 2y$
8. $4x + 8y$
9. $8x + 3$
10. $8x - 8$
11. $3x - 12$
12. $3y - x$
13. $-6x - 6y$
14. $1 - 4x$
15. $7 - 5x$
16. $3 - 2x$
17. $10x - 2y$
18. $11x - 9y$
19. $15x$
20. $4x - 7y + 4z$
21. $9x + y - 11$
22. -1

Exercise 21J (p. 407)

1. $x = 4$
2. $x = 1$
3. $x = 3$
4. $x = 5$
5. $x = 7$
6. $z = -\frac{3}{4}$
7. $x = 6$
8. $x = 5$
9. $x = 7$
10. $x = 2$
11. $x = 1$
12. $x = 3$
13. $x = 1$
14. $x = 2$
15. $x = 3$
16. $x = 2$

Exercise 21K (p. 408)

1. $x = 1$
2. $x = 1$
3. $x = 4$
4. $x = 1\frac{6}{7}$
5. $x = 3$
6. $x = 6$
7. $x = 2$
8. $x = 4\frac{1}{2}$
9. $x = 2$
10. $x = -1\frac{1}{5}$
11. $x = \frac{1}{2}$
12. $x = 2$
13. $x = 1\frac{2}{3}$
14. $x = -6$
15. $x = 2$
16. $x = -1$
17. $x = 2$
18. $x = 1$
19. $x = 6$
20. $x = -4$
21. $x = 3$
22. $x = -3$
23. $x = 1\frac{1}{3}$
24. $x = 1$
25. $x = 1$
26. $z = 2$
27. $x = \frac{1}{2}$
28. $x = 2$
29. $x = 2$
30. $x = -2$
31. $x = 1$
32. $x = 0$
33. $x = 2$
34. $x = -2$
35. $x = \frac{2}{3}$
36. $x = 3$
37. $x = -\frac{1}{2}$
38. $x = \frac{3}{10}$
39. $x = -1$
40. $x = 3$
41. $x = 2\frac{1}{2}$
42. $x = 1$
43. $x = \frac{1}{4}$
44. $x = 2$
45. $x = -1\frac{2}{3}$
46. $x = 1\frac{1}{3}$
47. $x = 3$
48. $x = -6$
49. $x = 1$
50. $x = 7$
51. $x = 2$
52. $x = 5$
53. $x = 1$
54. $x = \frac{2}{3}$
55. $x = 2$
56. $x = 2$
57. $x = -\frac{5}{8}$
58. $x = -3$
59. $x = \frac{1}{2}$
60. $x = 10$

61. $n - 2 = 174$; 176 wipers
62. Nia, $x - 4$; Penny, $x + 3$; 46 kg
63. $x + 3x = 72$; £18
64. **a** **i** $x + 15$ **ii** $x + 50$ **iii** $2x + 100$
    b $x + x + 50 + x + 15 + 2x + 100 = 415$;
    i 50p **ii** 65p **iii** £1
65. The larger part is 28 and the smaller part is 17.
66. Norman, 9; Jim, 24; Dennis, 45; Pete, 29
67. $x + 5 = 3x + 1$; $x = 2$; 6

Exercise 21L (p. 412)

1. $x + 10 = 75$; 65 p
2. $y = 9$
3. $x = 0.7$
4. $x = \frac{2}{3}$
5. $x + 4 = 10$; $x = 6$
6. $x = 2$
7. $x = -1$
8. $9x - y$
9. $x = 1\frac{1}{3}$
10. $x = 3$

Exercise 21M (p. 412)

1. $n - 14 = 27$; $n = 41$; 41 p
2. $x = \frac{1}{5}$
3. $x = 0.125$
4. $x = 2$
5. $7c$
6. $x = 1\frac{1}{2}$
7. 4
8. $x = 4\frac{1}{3}$
9. $6a + 1$
10. $x = -6$

Chapter 22
Grouping Data

Exercise 22B (p. 416)

1. **a** 47 words
   b

Number of letters	
1–3	16
4–6	25
7–9	3
10–12	3
	Total: 47

   c

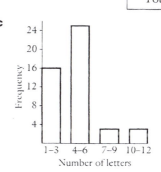

2. **a** 153 **b** 128 **c** This cannot be determined.
3. **a** 19 **b** 11 **c** 16 **d** No
4. **a**

   ```
   4 4 3 6 2 3 6 5 5 2 4 7 3 10 5
   2 9 1 9 5 4 3 3 2 8 3 5 3 7 2
   8 5 3 3 4 2 3 7 6 3 2 2 3 5 8
   2 3 1 5 4 2 3 11 6 2 4 5 4 2 4
   7 3 3 4 2 4 3 3 4 5 4 3 5 3 6
   4 2 4 3 5 4 6 8 13 2 3 4 6 3 1
   9 2 4 3 11 10 4 6 4 1 3 5 7 4 3
   5 4 5 8 2 5 6 2 4 5
   ```

   b

Number of letters	Frequency
1–3	48
4–6	49
7–9	13
10–12	4
More than 12	1
	Total: 115

   c

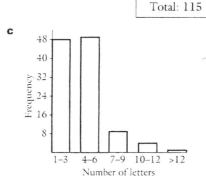

6. **a** 12 **b** 3 **c** Those who read 4 books are mixed in with those who read 5 books each week.

Exercise 22C (p. 419)

1. **a** Business and professional. **b i** $\frac{1}{12}$ **ii** $\frac{1}{6}$
2. **a** Heating
   b Cooking uses a bit less fuel than used for hot water.
3. **a i** $\frac{1}{8}$ **ii** $\frac{1}{6}$ **b** The under-10 and 10–19 groups.

23

Exercise 22D (p. 421)

1.–11.

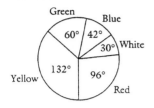
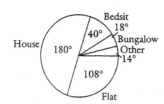
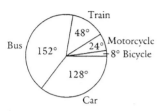
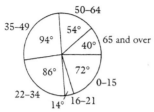
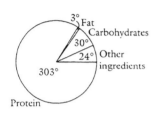
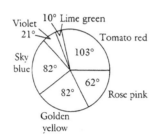
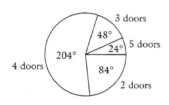
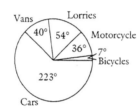
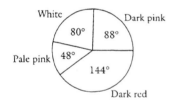
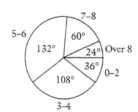
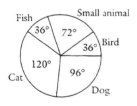

12. a and **b**

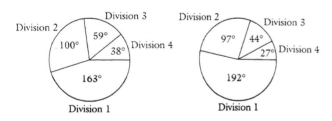

c The proportion of attendances at Division 1 matches has risen while Division 3 and Division 4 matches are proportionately down; the proportion of attendances at Division 2 matches is almost unchanged.

13.

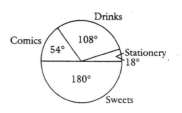

Revision Exercise 5.1 (p. 427)

1. a £13.99   **b** £2.50
2. Mode, 4; median, 5
3. Tim's bunches: mean, 15; range, 13; Meg's bunches: mean, 15; range, 5; Meg is more consistent
4. a 25   **b** 2   **c** 56   **d** 2   **e** 2.24
6. a 6
7. a 9000 mm³   **b** 2 000 000 cm³
8. a 9 pints (8.75)   **b** 11 litres (11.4)
9. a 8 cm³   **b** 125 cubes
10. £2.70

Revision Exercise 5.2 (p. 429)

1. a $a = 7$ **b** $b = 15$ **c** $x = 4.5$ **d** $y = 9.5$
2. a $z = 4$ **b** $x = 5$
3. a $-6x$ **b** $2a - 2b$
4. a $x = 4$ **b** $x = 4$
5. Pete is 5; Carol will be 18
6. 7
7. a 36   **b**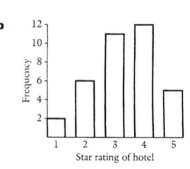
8. a 22   **b** 13   **c** 9   **d** No
9. a 20   **b** 20   **c** 6
10. a 90   **b**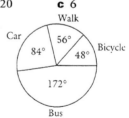

Revision Exercise 5.3 (p. 431)

1. a $\frac{19}{40}, \frac{7}{40}, \frac{7}{20}$ **b** 19   **c** 14   **d** 7
3. a i BC   **ii** CD   **b i** L   **ii** A and C
4. 120 litres
5. a 5 cm³   **b** 500 000 cm³
6. a $p = 3$ **b** $q = 22$
7. 12
8. $x = 7$
9. a $9x - 4$ **b** $x + 9y$
10. a 20   **b** 200 minutes   **c** 1.95

Revision Exercise 5.4 (p. 432)

1. **a** 330   **c** Remainder 43
   b 1094
2. **a i** $12\frac{17}{40}$ **ii** $11\frac{59}{84}$
   b $\frac{5}{14}$
   c i 86%   **ii** 0.34   **iii** 54%
3. **a i** 0.43   **ii** 0.66   **iii** 1.71   **iv** 0.032
   b 3
4. **a i** 24 066   **ii** 23   **b** $\frac{5}{8}, \frac{2}{3}, \frac{19}{25}, \frac{4}{5}, \frac{17}{20}$
5. **a** 4.6 cm   **c** 2.4 cm^2 **e** 7.69 t
   b 550 m   **d** 800 cm^3 **f** 0.75 m^3
6. **a** $d = 25°$; $e = 65°$; $f = 115°$;
   b $p = 55°$; $q = 60°$; $r = 75°$; $s = 50°$
7. **a** $-1, -4, -7$ **b** $-3, 0, 3$
8. **a** $p = -5$; This is a loss of £5.
   b $2x + 15 = 3x$; $x = 15$
9. **a** 15 cm   **b** 10 cm
10. Mode, 3.8; median, 4.0

Revision Exercise 5.5 (p. 433)

1. **a** 5, 13, 21, 29, 37, 45, 53, 61   **b** 128
2. **a** $8\frac{1}{2}$ **b** $2\frac{1}{2}$ **c** 51   **d** 13
3. **a** 3.744 m   **b** 905.75 g   **c** 82 inches
4. **a** 0.84   **b** Estimate: 30 cm^3; By calculator: 29.03 cm
5. **a i** 2 seconds   **ii** 3 seconds   **b** 6 seconds
6. **a** $P = 3t$ (where t is the length of one side)
   b 68 °F
7. **a i** Mortgage   **ii** Fuel   **c** £436
   b i £28   **ii** £68
8. **a** $x = 3$ **b** $x = -1$ **c** $x = 0.05$
9. **a** 28 m long, 18 m wide   **c** 600 m^2
   b 504 m^2 **d** 96 m^2
10. 12 cm, 16 cm and 21 cm
11. **a** First group: mean, 10.55; range, 3
    Second group: mean, 9.7; range, 8
    b The first group is more consistent in age, the second group includes a wider age range.